天津圖書館古籍善本書目

[下]

索引

天津圖書館 編

國家圖書館出版社

《天津圖書館古籍善本書目》書名及著者姓名索引

目　次

編例…………………………………………………… I
索引字頭筆畫檢字表………………………………… 1
索引字頭拼音檢字表………………………………… 11
書名索引…………………………………………… 1
著者姓名索引……………………………………101

編　　例

1．本索引包括《書名索引》和《著者索引》，依照《辭源》所附四角號碼檢字法排序。爲方便不熟悉四角號碼的讀者使用，另附書名及著者《索引字頭筆畫檢字表》、《索引字頭拼音檢字表》。

2．書名按原書所題全文照錄。凡有冠詞者，如欽定、敕修、御纂或鼎鐫、新刊等，以及小說書名前冗繁之冠稱，一律用括號標出，冠詞不在檢索范圍之內。

3．同一書名或同一著者連續排在二頁以上者，只列出首見頁碼。

4．一書正集之后又有續集、別集、補遺者，按順序列出，不做檢索書名，而屬于並列性質的單獨著作，則另立書名檢索。

5．書名相同而著者不同者，在書名后分別加括號注明著者姓名，地方志書名相同而地區不同者，書名后加括號注明所屬地區。

6．著者爲釋氏者，以法號立目。

7．著者失名但存姓氏，姓后加“口口”，四角號碼按“6000”排序。

索引字頭筆畫檢字表

（各畫按起筆丶一丨丿順序排列）

一畫

[一]

一 1000_0

乙 1771_0

二畫

[一]

二 1010_0

十 4000_0

丁 1020_0

七 4071_0

[丨]

卜 2300_0

[丿]

九 4001_7

人 8000_0

八 8000_0

三畫

[一]

三 1010_1

于 1040_0

下 1023_0

士 4010_0

才 4020_0

大 4003_0

已 1771_7

也 4471_2

子 1740_7

[丨]

上 2110_0

山 2277_0

巾 4022_7

小 9000_0

[丿]

千 2040_0

夕 2720_0

女 4040_0

四畫

[丶]

斗 3400_0

卞 0023_0

六 0080_0

亢 0021_7

方 0022_7

文 0040_0

心 3300_0

火 9080_0

[一]

王 1010_4

井 5500_0

元 1021_1

天 1043_0

支 4040_7

廿 4477_0

切 4772_0

屯 5071_7

木 4090_0

五 1010_7

友 4004_7

不 1090_0

尤 4301_0

太 4003_0

尹 1750_7

弔 1752_7

尺 7780_7

巴 7771_7

孔 1241_0

戈 5300_0

[丨]

止 2110_0

日 6010_0

中 5000_6

内 4022_7

少 9020_0

水 1223_0

[丿]

牛 2500_0

午 8040_0

毛 2071_4

升 2440_0

丹 7744_0

月 7722_0

勾 2772_0

仁 2121_0

仇 2421_7

氏 7274_0

分 8022_7

公 8073_0

今 8020_7

介 8022_0

允 2321_3

五畫

[丶]

氾 3711_2

玄 0073_2

永 3023_2

半 9050_0

[一]

平 1040_9

玉 1010_3

未 5090_0

正 1010_1

可 1062_0

甘 4477_0

世 4471_7

札 4291_0

本 5023_0

古 4060_0

右 4060_0
左 4001_1
石 1060_0
皮 4024_7
弘 1223_0
弗 5502_7
司 1762_0
[丨]
北 1111_0
目 6010_0
且 7710_0
田 6040_0
申 5000_6
甲 6050_0
史 5000_6
四 6021_0
以 2810_0
[丿]
矢 8043_0
乍 8021_1
用 7722_0
包 2771_2
册 7744_0
外 2320_0
仙 2227_0
丘 7210_1
白 2600_0
令 8030_7
仝 8010_1
台 2360_0
幼 2472_7

六畫
[丶]
守 3034_2
字 3040_7
安 3040_4
汗 3114_0
江 3111_0
池 3411_2
汝 3414_0
汲 3714_7
交 0040_3
亦 0033_0
冰 3213_0
米 9090_4
肎 3722_7
[一]
式 4310_0
邗 1742_7
夷 5003_2
吉 4060_1
老 4471_1
考 4420_7
地 4411_2
再 1044_7
西 1060_0
戎 5340_0
成 5320_0
列 1220_0
百 1060_0
而 1022_7
在 4021_4
有 4022_7
存 4024_7
艮 7773_2
丞 1710_3
[丨]
尖 9043_0
光 9021_1
艾 4440_0
同 7722_0
曲 5560_0
回 6060_0
吕 6060_0
收 2874_0
[丿]
年 8050_0
缶 8077_4
朱 2590_0
先 2421_1
竹 8822_0
旭 4601_0
名 2760_0
危 2721_2
伍 2121_7
休 2429_0
伊 2725_7
仲 2520_0
任 2221_4
仰 2722_0
印 7772_0
自 2600_0
向 2722_0
行 2122_1
全 8010_4
合 8060_1
如 4640_0
好 4744_0

七畫
[丶]
宋 3090_4
完 3021_1
宏 3043_2
沛 3012_7
沈 3411_2
沁 3310_0
汪 3111_4
沔 3112_7
沙 3912_0
沖 3510_6
沃 3213_4
沂 3212_1
汾 3812_7
辛 0040_1
快 9503_0
冷 3812_7
初 3722_0
祁 3722_7
判 9250_0
[一]
辰 7123_2
迂 3130_4
邢 1742_7
志 4033_1
孝 4440_7
豆 1010_8
甫 5322_7
束 5090_6
車 5000_6
求 4313_2
抗 5001_7
扶 5503_0
投 5704_7
折 5202_1
杜 4491_0
杉 4292_2
李 4040_7
吾 1060_1
即 7772_0
改 1874_0
那 1752_7
甬 1722_7
阮 7121_1
[丨]
貝 6080_0
見 6021_0

門 7777_7
助 7412_7
別 6240_0
吳 2643_0
吹 6708_2
吟 6802_7
困 6090_4
壯 2421_0
岑 2220_7

[丿]

希 4022_7
谷 8060_8
邦 5702_7
牡 2451_0
我 2355_0
利 2290_0
秀 2022_7
住 2021_4
何 2122_0
佛 2522_7
但 2621_0
攸 2824_0
作 2821_1
佟 2723_3
兵 7280_1
延 1240_1
巵 7221_7
含 8060_2
余 8090_4
妙 4942_0

八畫

[丶]

宗 3090_1
定 3080_1
官 3077_7
宜 3010_7
宛 3021_2
空 3010_1
穹 3020_7
注 3011_4
河 3112_0
法 3413_1
沭 3319_4
沽 3416_0
泗 3610_0
泊 3610_0
治 3316_0
京 0090_6
性 9501_4
怡 9306_0
庚 0023_7
府 0024_0
刻 0280_0
房 3022_7

[一]

奉 5050_3
青 5022_7
表 5073_2
武 1314_0
玩 1111_1
盂 1010_7
幸 4040_1
長 7173_2
坡 4414_7
坦 4611_0
坤 4510_6
坳 4412_7
東 5090_6
事 5000_7
臥 7870_0
協 4402_7
雨 1022_7
兩 1022_7
直 4071_6
拉 5001_8
拈 5106_0
抱 5701_2
拍 5600_0
拔 5304_7
杭 4091_7
林 4499_0
板 4294_7
松 4893_2
奇 4062_1
來 4090_8
弢 1224_7
居 7726_4
屈 7727_2
邵 1762_7
函 1077_2
孟 1710_7
阿 7122_0
陂 7424_7
附 7420_0

[丨]

尚 9022_7
芳 4422_7
芝 4430_7
芸 4473_1
芮 4422_7
花 4421_4
芥 4422_8
虎 2121_7
卓 2140_6
果 6090_4
昌 6060_0
明 6702_0
易 6022_7
忠 5033_6
咏 6303_2
味 6509_0
呻 6500_6
固 6060_4
盱 6104_0
岷 2774_7

[丿]

受 2040_7
采 2090_4
竺 8810_1
非 1111_1
知 8640_0
垂 8010_4
牧 2854_0
物 2752_0
季 2040_7
和 2690_0
秇 2491_7
肥 7721_7
周 7722_0
炙 2780_9
依 2023_2
岱 2377_2
佩 2721_0
邱 7712_7
岳 7277_2
近 3230_2
欣 7728_2
徂 2721_2
念 8033_2
金 8010_9
姑 4446_0
始 4346_0

九畫

[丶]

宣 3010_6
客 3060_4

洹	3111_6
洪	3418_1
津	3510_7
洞	3712_0
洗	3411_1
洛	3716_4
洴	3814_1
帝	0022_7
音	0060_1
彥	0022_2
計	0460_0
施	0821_2
恬	9206_4
恂	9702_0
炮	9781_2
郊	0742_7
度	0024_7
庭	0024_1
奕	0043_3
兗	0021_6
軍	3750_6
郎	3772_7
祕	3320_0
祓	3324_4
祖	3721_0
神	3520_6
祝	3621_0
祗	3224_0
姜	8040_4
前	8022_1
[一]	
春	5060_3
珂	1112_0
玲	1813_7
契	5743_0
封	4410_0
郅	1712_7
垣	4111_6
城	4315_0
耶	1712_7
革	4450_6
南	4022_7
胡	4762_0
按	5304_4
持	5404_1
皆	2160_1
逑	3330_9
柯	4192_0
柘	4196_0
相	4690_0
查	4010_6
柚	4596_0
柳	4792_0
咸	5320_0
威	5320_0
研	1164_0
硯	1661_0
郁	4722_7
胥	1722_7
建	1540_0
韋	4050_6
屏	7724_1
眉	7726_7
飛	1241_0
迦	3630_0
罘	1780_1
[丨]	
省	9060_2
范	4411_2
苦	4460_4
茅	4422_2
英	4453_0
苑	4421_2
貞	2180_6
是	6080_1
昭	6706_2
映	6503_0
星	6010_4
哈	6806_1
思	6033_0
毘	6071_1
毗	6101_0
畏	6073_2
界	6022_8
迪	3530_6
[丿]	
拜	2155_0
重	2010_4
看	2060_4
迮	3830_1
秋	2998_0
秕	2191_0
香	2060_9
風	7721_0
勉	2441_2
信	2026_1
便	2124_6
侯	2723_4
保	2629_4
修	2822_2
段	7744_7
皇	2610_4
禹	2042_7
衍	2122_1
待	2424_1
律	2520_7
後	2224_7
胤	2201_0
食	8073_2
弇	8044_6
俞	8022_1
姚	4241_3
紅	2191_0
紀	2791_7
十畫	
[丶]	
宰	3040_1
宮	3060_6
容	3060_8
浣	3311_1
浙	3212_1
浦	3312_7
涇	3111_1
涓	3912_7
涉	3112_2
浮	3214_7
海	3815_7
涂	3819_4
記	0761_7
訒	0762_0
託	0261_4
高	0022_7
悅	9801_6
悟	9106_1
悔	9805_7
庴	0026_1
席	0022_7
唐	0026_7
凌	3414_7
祥	3825_1
祩	3529_0
兼	8033_7
益	8010_7
朔	8742_0
郯	9782_7
[一]	
泰	5013_2

秦 5090$_4$
敖 5824$_0$
素 5090$_3$
班 1111$_4$
馬 7132$_7$
貢 1080$_6$
袁 4073$_2$
郝 4732$_7$
恥 1310$_0$
耿 1918$_0$
恭 4433$_8$
眞 2180$_1$
振 5103$_2$
校 4094$_8$
桂 4491$_4$
栲 4492$_7$
桓 4191$_6$
根 4793$_2$
桐 4792$_0$
格 4796$_4$
桃 4291$_3$
夏 1024$_7$
殉 1722$_0$
破 1464$_7$
原 7129$_6$
致 1814$_0$
晉 1060$_1$
書 5060$_1$
退 3730$_2$
弱 1712$_7$
孫 1249$_3$
桑 7790$_4$
陝 7423$_8$

[丨]

柴 2190$_4$
荒 4421$_1$
荊 4240$_0$
萸 4452$_7$
草 4440$_6$
荀 4462$_7$
荏 4421$_4$
茶 4490$_4$
茲 4473$_2$
時 6404$_1$
畢 6050$_4$
晏 6040$_4$
晃 6021$_1$
晁 6011$_3$
恩 6033$_0$
峴 2671$_0$

[丿]

笑 8843$_0$
奚 2043$_0$
針 8410$_0$
翁 8012$_7$
耕 5590$_0$
郜 2762$_7$
牲 2511$_4$
秘 2390$_0$
秣 2599$_0$
脈 7223$_3$
倦 2921$_2$
借 2426$_1$
倚 2422$_1$
倘 2922$_7$
倭 2224$_4$
倪 2721$_7$
息 2633$_0$
烏 2732$_7$
師 2172$_7$
射 2420$_0$
鬼 2621$_3$
殷 2724$_7$
般 2744$_7$
徐 2829$_4$
恕 4633$_0$
能 2121$_1$
純 2591$_7$
納 2492$_7$

十一畫

[丶]

密 3077$_2$
寇 3321$_4$
寄 3062$_1$
淳 3014$_7$
深 3719$_4$
淡 3918$_9$
清 3512$_7$
淶 3419$_8$
梁 3390$_4$
淨 3215$_7$
混 3611$_1$
淮 3011$_4$
淵 3210$_0$
淄 3216$_3$
章 0040$_6$
商 0022$_7$
訥 0462$_7$
許 0864$_0$
郭 0742$_7$
望 0710$_4$
情 9502$_7$
惜 9406$_1$
麻 0029$_4$
庸 0022$_7$
康 0023$_2$
鹿 0021$_1$
庶 0023$_7$
啓 3860$_4$
剪 8022$_7$

[一]

雪 1017$_7$
琅 1313$_2$
教 4844$_0$
執 4441$_7$
都 4762$_7$
培 4016$_1$
埤 4614$_0$
連 3530$_0$
砦 1760$_1$
副 1260$_0$
曹 5560$_6$
聊 1712$_0$
黃 4480$_6$
乾 4841$_7$
帶 4422$_7$
救 4814$_0$
捧 5505$_3$
授 5204$_7$
採 5209$_4$
梓 4094$_1$
梯 4892$_7$
梵 4421$_7$
桯 4691$_4$
梅 4895$_7$
盛 5310$_7$
硃 1569$_0$
閆 7710$_1$
張 1123$_2$
屠 7726$_4$
習 1760$_2$
通 3730$_2$
陸 7421$_4$
陵 7424$_7$
陳 7529$_6$
陶 7722$_0$
陰 7823$_1$

陭 7022_{1}

[丨]

常 9022_{7}
莘 4440_{1}
莆 4422_{7}
莽 4444_{3}
莫 4443_{6}
莒 4460_{6}
莊 4421_{4}
荷 4422_{1}
荻 4428_{9}
婁 5040_{4}
眺 6201_{3}
野 6712_{2}
晦 6805_{7}
晚 6701_{6}
異 6080_{1}
唱 6606_{0}
略 6706_{4}
趾 6111_{0}
國 6015_{3}
將 2724_{0}
崇 2290_{1}
崖 2221_{4}
崑 2271_{1}
崔 2221_{4}
貫 7780_{6}

[丿]

斜 8490_{0}
笠 8810_{8}
笙 8810_{4}
符 8824_{0}
梨 2290_{4}
脫 7821_{6}
魚 2733_{6}
假 2724_{7}
偉 2425_{6}
斛 2420_{0}
鳥 2732_{7}
從 2828_{1}
御 2722_{0}
參 2320_{2}
紺 2497_{0}
紹 2796_{2}
終 2793_{3}

十二畫

[丶]

寒 3030_{3}
富 3060_{6}
寓 3042_{7}
游 3814_{7}
渡 3014_{7}
渾 3715_{6}
渠 3190_{4}
湛 3411_{1}
湖 3712_{0}
湘 3610_{0}
湧 3712_{7}
測 3210_{0}
湯 3612_{7}
溫 3611_{7}
渭 3612_{7}
渦 3712_{7}
童 0010_{4}
註 0061_{4}
詠 0363_{2}
詞 0762_{0}
惲 9705_{6}
惺 9601_{4}
痧 0012_{9}
痘 0011_{8}
痢 0012_{0}
馮 3112_{7}
補 3322_{7}
裕 3826_{8}
善 8060_{5}
尊 8034_{6}
普 8060_{1}
曾 8060_{6}
勞 9942_{7}

[一]

雲 1073_{1}
貳 4380_{0}
琵 1171_{1}
琴 1120_{7}
琢 1113_{2}
壺 4010_{7}
堯 4021_{1}
越 4380_{5}
超 4780_{6}
彭 4212_{2}
博 4304_{2}
項 1118_{6}
郾 7772_{7}
惠 5033_{3}
棗 5090_{2}
斯 4282_{1}
朝 4742_{0}
揮 5705_{6}
揀 5509_{0}
揆 5203_{4}
揚 5602_{7}
揭 5602_{7}
焚 4480_{9}
棲 4594_{4}
雅 7021_{4}
雄 4007_{4}
殘 1325_{3}
畫 5010_{6}
尋 1734_{6}
閔 7740_{0}
開 7744_{1}
閒 7722_{7}
費 5580_{6}
犀 7725_{3}
賀 4680_{6}
婺 1840_{4}
疏 1011_{3}
陽 7622_{7}
隆 7721_{4}
登 1210_{8}

[丨]

棠 9090_{4}
掌 9050_{2}
菀 4421_{2}
菩 4460_{1}
華 4450_{4}
著 4460_{4}
萊 4490_{8}
菜 4490_{4}
菊 4492_{7}
菉 4413_{2}
菇 4446_{0}
虛 2121_{2}
紫 2190_{3}
貽 6386_{0}
景 6090_{6}
最 6014_{7}
貴 5080_{6}
猒 6323_{4}
鄂 6722_{7}
單 6650_{6}
喇 6200_{0}
嗥 6804_{6}
喻 6802_{1}
路 6716_{4}
喙 6703_{2}

蛟 5014_8
圍 6050_6

[丿]

飲 8778_2
鈍 8511_7
鈕 8711_2
欽 8718_2
舒 8762_2
番 2060_9
筆 8850_7
爲 2022_7
貂 2726_2
智 8660_0
無 8033_1
嵇 2397_2
程 2691_4
喬 2022_7
逸 3730_1
象 2723_2
觚 2223_0
傅 2324_2
貸 2380_6
焦 2033_1
進 3030_1
集 2090_4
粤 2602_7
徧 2322_7
循 2226_4
順 2108_6
媚 4746_7
絜 4690_3
絕 2791_7
絳 2795_4
絡 2796_4
鄉 2722_7

十三畫

[丶]

溧 3119_4
源 3119_6
滁 3819_4
滑 3712_7
溪 3213_4
滌 3719_4
滄 3816_7
塗 3810_4
靖 0512_7
新 0292_1
試 0364_0
詩 0464_1
誠 0365_0
詠 0169_1
話 0266_4
遊 3830_4
慎 9408_1
煙 9101_4
煨 9603_2
鄘 0722_7
雍 0021_4
資 3780_6
褚 3426_0
福 3126_6
義 8055_3
道 3830_6
遂 3830_3
慈 8033_3

[一]

雷 1060_3
零 1030_7
瑞 1212_7
達 3430_4
塡 4118_1
較 5004_8
畺 1010_6
賈 1080_6
聖 1610_4
靳 4252_1
楝 4599_6
楳 4499_4
裘 4373_2
禁 4490_1
楚 4480_1
楞 4692_7
楊 4692_7
楓 4791_0
榆 4892_1
感 5320_0
碎 1064_8
群 1865_1
辟 7064_1

[丨]

葉 4490_4
葦 4450_6
萬 4442_7
葛 4472_7
董 4410_4
敬 4864_0
葆 4429_4
虞 2123_4
睫 6108_1
蜀 6012_7
鼎 2222_1
愚 6033_2
歇 6778_2
照 6733_6
嗜 6406_1
鄖 6782_7
農 5523_2
圓 6080_6
黽 7771_7

[丿]

愛 2040_7
鮐 8376_0
鉦 8111_3
鉅 8111_7
筠 8812_7
筮 8810_8
節 8872_7
稗 2694_0
腰 7124_4
鄒 2742_7
鳩 4702_7
彙 2790_4
詹 2726_1
解 2725_2
傳 2524_3
僊 2121_2
傷 2822_7
微 2824_0
會 8060_6
經 2191_1

十四畫

[丶]

寧 3020_1
賓 3080_6
實 3080_6
寥 3020_2
漳 3014_6
滬 3311_7
漱 3718_2
漢 3413_4
滿 3412_7
漁 3713_6
溉 3111_1
漪 3412_1
彰 0242_2
韶 0766_2

端	0212_7
齊	0022_3
說	0861_6
語	0166_1
旗	0828_1
瘍	0012_7
瘟	0011_7
廣	0028_6
廖	0022_2
肇	3850_7
複	3824_7
滎	9923_2
[一]	
壽	4064_1
瑤	1217_2
碧	1660_1
鄢	1732_7
塾	4410_4
趙	4980_2
臺	4010_4
嘉	4046_5
甄	1111_7
歌	1768_2
赫	4433_1
摭	5003_7
榕	4396_8
槍	4896_7
槐	4691_3
疑	2748_1
榴	4796_2
爾	1022_7
奩	4071_6
碩	1168_6
磁	1863_2
臧	2325_0
願	7128_6
聞	7740_1
閩	7713_6
翠	1740_8
翟	1721_4
遜	3230_9
[丨]	
蓉	4460_8
蒲	4412_7
萬	4422_7
蓄	4460_3
蒙	4423_2
夢	4420_7
蒼	4460_7
睡	6201_4
賑	6183_2
嘆	6403_4
圖	6060_4
對	3410_0
[丿]	
銀	8713_2
銅	8712_0
管	8877_7
箋	8850_3
種	2291_4
裴	1173_2
舞	8025_1
稱	2294_7
鳳	7721_0
僧	2826_6
像	2723_2
熊	2133_1
網	2792_0
綱	2792_0
綿	2692_7
綠	2793_2
十五畫	
[丶]	
潼	3011_4
澎	3212_2
潭	3114_6
潛	3116_1
潯	3714_6
澄	3211_8
澂	3814_0
潘	3216_9
毅	0724_7
談	0968_9
諸	0466_0
調	0762_0
論	0862_7
瘞	0011_4
瘦	0014_7
瘡	0016_7
賡	0028_6
摩	0025_2
廢	0024_7
慶	0024_7
養	8073_2
鄭	8742_7
[一]	
震	1023_2
慧	5533_7
穀	4794_7
熱	4433_1
鞏	1750_6
增	4816_6
輞	5702_0
歐	7778_2
醉	1064_8
撫	58031
樓	4594_4
橫	4498_6
樊	4443_0
厲	7122_7
閱	7721_6
閭	7760_7
選	3730_8
鄧	1712_7
[丨]	
賞	9080_6
輝	9725_6
蔗	4423_7
蕁	4434_6
蓮	4430_4
蓼	4420_2
蔭	4423_1
蔚	4424_0
蔣	4424_2
蔡	4490_1
墨	6010_4
賜	6682_7
賦	6384_0
數	5844_0
踪	6319_1
蝶	5419_4
[丿]	
餘	8879_4
銷	8912_7
篋	8871_8
範	8851_2
篁	8810_4
篆	8823_2
鄱	2762_7
稽	2396_1
稷	2694_7
稻	2297_7
黎	2713_2
滕	7923_2
遯	3130_3
膠	7722_2
魯	2760_3

儀 2825_3
樂 2290_4
劉 7210_0
質 7280_6
盤 2710_7
德 2423_1
衛 2122_1
徵 2824_0
編 2392_7
練 2599_6
緯 2495_6
緝 2694_1
緱 2793_4
畿 2265_3

十六畫

[丶]

憲 3033_6
寰 3073_2
濂 3013_7
澤 3614_1
潞 3716_4
澹 3716_1
親 0691_0
辨 0044_1
龍 0121_1
諧 0166_1
諭 0862_1
懀 9706_1
燉 9884_0
憑 3133_2
凝 3718_1
禪 3625_6

[一]

霍 1021_4
靜 5225_7
駢 7834_1
駱 7736_4
憨 1833_4
甌 7171_7
賴 5798_0
醒 1661_4
燕 4433_1
翰 4842_7
據 5103_2
歷 7071_7
曆 7126_9
遼 3430_9
閻 7777_7
豫 1723_2
隨 7423_2

[丨]

蕪 4433_1
薌 4422_7
蕉 4433_1
冀 1180_1
盧 2121_7
頻 2128_6
餐 2773_2
黔 6832_7
曇 6073_1
曉 6401_1
戰 6355_0
遺 3530_8
蟦 5918_6

[丿]

館 8377_7
錢 8315_3
錦 8612_7
歙 8718_2
劒 8782_0
暨 7110_6
篤 8832_7
穆 2692_2
鴛 2732_7
鮑 2731_2
儒 2122_7
興 7780_1
學 7740_7
獨 4622_7
獪 4826_6
衡 2122_1

十七畫

[丶]

濟 3012_3
濠 3013_2
鴻 3712_7
濮 3313_4
謙 0863_7
謝 0460_0
襄 0073_2
應 0023_1
禮 3521_8

[一]

戴 4385_0
臨 7876_0
聰 1613_7
聯 1217_2
鞠 4752_0
韓 4445_6
隸 4593_2
檀 4091_6
勵 7422_7
闇 7760_1
翼 1780_1
隰 7623_3
隱 7223_7

[丨]

薜 4424_1
薊 4432_0
薛 4474_1
還 3630_3
嬰 6640_4
嘯 6502_7
嶺 2238_6

[丿]

鍥 8713_4
鍾 8211_4
繁 8890_3
谿 2846_8
儲 2426_0
獲 4424_7
徽 2824_0
績 2598_6
繆 2792_2
總 2693_0

十八畫

[丶]

顏 0128_6
雜 0091_4

[一]

覆 1024_7
職 1315_0
聶 1014_1
醫 7760_1
甓 7071_7

[丨]

豐 2210_8
藍 4410_7
藏 4425_3
蕭 4422_7
舊 4477_7
瞿 6621_4
瞻 6706_1
顒 6148_6
題 6180_8

叢 3214_7

[丿]

鎮 8418_1
簡 8822_7
雜 2041_4
魏 2641_3
皈 2121_7
龜 2711_7
雙 2040_7
歸 2712_7

十九畫

[丶]

瀛 3011_7
瀘 3111_7
懷 9003_2
辦 0044_1
韻 0668_6
識 0365_0
譚 0164_6
證 0261_8
龐 0021_1
廬 0021_7
離 0041_4
類 9148_6

[一]

麗 1121_1
關 7777_2
隴 7121_1

[丨]

藝 4473_1
藤 4423_2
羅 6091_4
曝 6603_2
蹶 6118_7
蟻 5815_3

[丿]

鏡 8011_6
籀 8856_2
籁 8816_4
贊 2480_6
鯖 2532_7
鯤 2631_1
邊 3630_2
獺 4728_6
繹 2694_1
繪 2896_6

二十畫

[丶]

寶 3080_6
竇 3080_6

[一]

醴 1561_8

[丨]

警 4860_1
蘇 4439_4
勸 4422_7
鶡 6772_7
嚴 6624_8

[丿]

鐃 8471_1
鐘 8011_4
鐔 8114_6
覺 7721_6
釋 2694_1
騰 7922_7
籌 8864_1
繡 2592_7

二十一畫

[丶]

瀟 3412_7
灌 3411_4
鶴 4722_7
顧 3128_6
爛 9782_0

[一]

霸 1052_7
攝 5104_1

[丨]

蘭 4422_7
躋 6012_3
巍 2241_3
蠖 5415_3

[丿]

鐸 8614_1
蠡 2713_6
響 2760_1
續 2498_6

二十二畫

[丶]

龔 0180_1
讀 0468_6

[一]

酈 1722_7
聽 1413_1
權 4491_4

[丨]

疊 6010_7

[丿]

籜 8854_1
鑄 8414_1
鑑 8811_7
朧 7923_1
臟 7425_3
儼 2624_8

二十三畫

[丶]

麟 0925_9

[一]

顯 6138_6

二十四畫

[一]

靈 1010_8
鹽 7810_7

二十五畫

[丨]

觀 4621_0

二十六畫

[丶]

灤 3219_4

二十八畫

[一]

驪 7131_1

二十九畫

[一]

鬱 4472_2

索引字頭拼音檢字表

A

阿 7122_0
艾 4440_0
愛 2024_7
安 3040_4
唵 6804_6
按 5304_4
闇 7760_1
坳 4412_7
敖 5824_0

B

八 8000_0
巴 7771_7
拔 5304_7
霸 1052_7
白 2600_0
百 1060_0
拜 2155_0
稗 2694_0
班 1111_4
般 2744_7
板 4294_7
半 9050_0
瓣 0044_1
邦 5702_7
包 2771_2
寶 3080_6
保 2629_4
葆 4429_4
抱 5701_2
鮑 2731_2
陂 7424_7
北 1111_0
貝 6080_0
本 5023_0
秕 2191_0
筆 8850_7
畢 6050_4
辟 7064_1
碧 1660_1
薜 4424_1
邊 3630_2
編 2392_7
卞 0023_0
徧 2322_7
便 2124_6
辨 0044_1
表 5073_2
別 6240_0
賓 3080_6
冰 3213_0
兵 7280_1
泊 3610_0
博 4304_2
卜 2300_0
補 3322_7
不 1090_0

C

才 4020_0
采 2090_4
採 5209_4
菜 4490_4
蔡 4490_1
參 2320_2
餐 2773_2
殘 1325_3
滄 3816_7
蒼 4460_7
藏 4425_3
曹 5560_6
草 4440_6
册 7744_0
測 3210_0
岑 2220_7
查 4010_6
茶 4490_4
柴 2190_4
禪 3625_6
鐔 8114_6
昌 6060_0
長 7173_2
常 9022_7
唱 6606_0
超 4780_6
晁 6011_3
朝 4742_0
車 5000_6
辰 7123_2
陳 7529_6
稱 2294_7
丞 1710_3
成 5320_0
誠 0365_0
城 4315_0
程 2691_4
澄 3211_8
瀓 3814_0
池 3411_2
茌 4421_4
持 5404_1
尺 7780_7
恥 1310_0
沖 3510_6
崇 2290_1
仇 2421_7
籌 8864_1

C至G

初 3722_0
滁 3819_4
儲 2426_0
楚 4480_1
褚 3426_0
傳 2524_3
瘡 0016_7
吹 6708_2
垂 2010_4
春 5060_3
純 2591_7
淳 3014_7
蓴 4434_6
詞 0762_0
慈 8033_3
磁 1863_2
賜 6682_7
從 2828_1
聰 1613_7
叢 3214_7
徂 2721_0
崔 2221_4
翠 1740_8
存 4024_7

D

達 3430_4
大 4003_0
岱 2377_2
帶 4422_7
待 2424_1
貸 2380_6
黱 7923_1
戴 4385_0
丹 7744_0
單 6650_6
甔 2121_7
但 2621_0
淡 3918_9
澹 3716_1
憺 9706_1
道 3830_6
稻 2297_7
德 2423_1
登 1210_8
鄧 1712_7
迪 3530_6
滌 3819_4
荻 4428_9
地 4411_2
帝 0022_7
墊 4410_4
貂 2726_2
弔 1752_7
調 0762_0
疊 6010_7
蝶 5419_4
丁 1020_0
鼎 2222_1
定 3080_1
東 5090_6
董 4410_4
洞 3712_0
都 4762_7
斗 3400_0
豆 1010_8
痘 0011_8
竇 3080_6
讀 0468_6
獨 4622_7
篤 8832_7
杜 4491_0
度 0024_7
渡 3014_7
端 0212_7
段 7744_7
對 3410_0
燉 9884_0
鈍 8511_7
遯 3130_3
鐸 8614_1

E

鄂 6722_7
恩 6033_0
而 1022_7
爾 1022_7
二 1010_0
貳 4380_0

F

法 3413_1
番 2060_9
樊 4443_0
繁 8890_3
氾 3711_2
范 4411_2
範 8851_2
梵 4421_7
方 0022_7
芳 4422_7
房 3022_7
飛 1241_3
非 1111_1
肥 7721_7
廢 0024_7
費 5580_6
分 8022_7
汾 3812_7
焚 4480_9
豐 2210_8
風 7721_0
楓 4791_0
封 4410_0
馮 3112_7
鳳 7721_0
奉 5050_3
佛 2522_7
缶 8077_2
鄜 0722_7
弗 5502_7
扶 5503_0
祓 3324_4
浮 3214_7
符 8824_0
福 3126_6
撫 5803_1
甫 5322_7
府 0024_0
附 7420_0
複 2824_7
副 1260_0
傅 2324_2
富 3060_6
賦 6384_0
覆 1024_7

G

改 1874_0
漑 3111_4
甘 4477_0
感 5320_0
紺 2497_0
綱 2792_0

高	0022_{7}
郜	2762_{7}
戈	5300_{0}
歌	1768_{2}
革	4450_{6}
格	4796_{4}
葛	4472_{7}
根	4793_{2}
艮	7773_{2}
庚	0023_{7}
耕	5590_{0}
賡	0028_{6}
耿	1918_{0}
公	8073_{0}
宮	3060_{6}
恭	4433_{8}
龔	0180_{1}
⿱巩石	1760_{1}
鞏	1750_{6}
貢	1080_{6}
勾	2772_{0}
緱	2793_{4}
姑	4446_{0}
沽	3416_{0}
菇	4446_{4}
觚	2223_{0}
古	4060_{0}
穀	4794_{7}
谷	8060_{8}
固	6060_{4}
顧	3128_{6}
關	7777_{2}
觀	4621_{0}
官	3077_{7}
館	8377_{7}
管	8877_{7}
貫	7780_{6}
灌	3411_{4}
光	9021_{1}
廣	0028_{6}
歸	2712_{7}
龜	2711_{7}
鬼	2621_{3}
貴	5080_{6}
桂	4491_{4}
郭	0742_{7}
國	6015_{3}
果	6090_{4}

H

哈	6806_{1}
海	3815_{7}
憨	1833_{4}
邗	1742_{7}
含	8060_{7}
函	1077_{2}
寒	3030_{3}
韓	4445_{6}
漢	3413_{4}
汗	3114_{0}
翰	4842_{7}
杭	4091_{7}
蒿	4422_{7}
濠	3013_{2}
好	4744_{0}
郝	4732_{7}
合	8060_{1}
何	2122_{0}
和	2690_{0}
河	3112_{0}
荷	4422_{1}
鶡	6772_{7}
賀	4680_{6}
赫	4433_{1}
鶴	4722_{7}
橫	4498_{6}
衡	2122_{1}
弘	1223_{0}
紅	2191_{0}
宏	3043_{2}
洪	3418_{1}
鴻	3712_{7}
侯	2723_{4}
後	2224_{7}
胡	4762_{0}
壺	4010_{7}
斛	2420_{0}
湖	3712_{0}
虎	2121_{7}
滬	3311_{7}
花	4421_{4}
華	4450_{4}
滑	3712_{7}
畫	5010_{6}
話	0266_{4}
懷	9003_{2}
淮	3011_{4}
槐	4691_{3}
還	3630_{3}
洹	3111_{6}
桓	4191_{6}
寰	3073_{2}
浣	3311_{1}
荒	4421_{1}
皇	2610_{4}
黃	4480_{6}
篁	8810_{4}
晃	6021_{1}
揮	5705_{6}
輝	9725_{6}
徽	2824_{0}
回	6060_{0}
悔	9805_{7}
彙	2790_{4}
會	8060_{6}
繪	2896_{6}
晦	6805_{7}
喙	6703_{2}
惠	5033_{3}
慧	5533_{7}
渾	3715_{6}
混	3611_{1}
火	9080_{0}
獲	4424_{7}
霍	1021_{4}

J

雞	2041_{4}
績	2598_{6}
嵇	2397_{2}
緝	2694_{1}
躋	6012_{3}
畿	2265_{3}
稽	2396_{1}
吉	4060_{1}
汲	3714_{7}
即	7772_{0}
集	2090_{4}
己	1771_{7}
計	0460_{0}
記	0761_{7}
紀	2791_{7}
季	2040_{7}
濟	3012_{3}
⿰訁未	0169_{1}
寄	3062_{1}

薊	4432_0	解	2725_2	瞿	6621_4	**L**	
暨	7110_6	介	8022_0	倦	2921_2		
稷	2694_7	芥	4422_8	絕	2791_7	拉	5001_8
冀	1180_1	界	6022_8	覺	7721_6	喇	6200_0
迦	3630_0	借	2426_1	蹶	6118_7	來	4090_8
嘉	4046_5	巾	4022_7	軍	7750_6	淶	3419_8
甲	6050_0	今	8020_7	筠	8812_7	萊	4490_8
賈	1080_6	金	8010_9			賴	5798_6
假	2724_7	津	3510_7	**K**		蘭	4422_7
尖	9043_0	錦	8612_7			藍	4410_7
兼	8033_7	近	3230_2	開	7744_1	爛	9782_0
箋	8850_3	進	3030_1	看	2060_4	郎	3772_7
揀	5509_6	晉	1060_1	康	0023_2	琅	1313_2
剪	8022_7	禁	4490_1	亢	0021_7	勞	9942_7
簡	8822_7	靳	4252_1	抗	5001_7	老	4471_1
鑑	8811_7	京	0090_6	考	4420_7	樂	2290_4
見	6021_0	涇	3111_1	栲	4492_7	雷	1060_3
劒	8782_0	經	2191_1	柯	4192_0	類	9148_6
建	1540_0	荆	4240_0	珂	1112_0	楞	4692_7
江	3111_0	井	5500_0	可	1062_0	冷	3812_7
疆	1010_6	景	6090_6	刻	0220_0	梨	2290_4
姜	8040_4	警	4860_1	客	3060_4	離	0042_7
將	2724_0	敬	4864_0	肎	3722_7	驪	7131_1
蔣	4424_7	靖	0512_7	空	3010_1	黎	2713_2
絳	2795_4	淨	3215_7	孔	1241_0	蠡	2713_6
交	0040_8	靜	5225_7	寇	3021_4	禮	3521_8
郊	0742_7	鏡	8011_6	苦	4460_4	李	4040_7
膠	7722_2	鳩	4702_7	⿸广古	0026_1	醴	1561_8
焦	2033_1	九	4001_7	快	9503_0	歷	7071_7
蛟	5014_8	舊	4477_7	獪	4826_6	厲	7122_7
蕉	4433_1	救	4814_0	揆	5203_4	麗	1121_1
較	5004_8	居	7726_4	坤	4510_6	利	2290_0
教	4844_0	鞠	4752_0	崑	2271_1	勵	7422_7
皆	2160_1	菊	4492_7	鯤	2631_1	隸	4593_2
揭	5602_7	莒	4460_6	閫	7760_7	酈	1722_7
睫	6108_1	鉅	8111_7	困	6090_4	笠	8810_8
節	8872_7	據	5103_2			痢	0012_0

曆	7126_9
溧	3119_4
奩	4071_6
連	3530_0
蓮	4430_4
聯	1217_2
濂	3013_7
練	2599_6
楝	4599_6
粱	3390_4
兩	1022_7
遼	3430_9
聊	1712_0
寥	3020_2
廖	0022_2
蓼	4420_2
列	1220_0
林	4499_0
臨	7876_6
麟	0925_9
靈	1010_8
嶺	2238_6
玲	1813_7
凌	3414_7
陵	7424_7
零	1030_7
令	8030_7
劉	7210_0
榴	4796_2
柳	4792_0
六	0080_0
龍	0121_1
隆	7721_4
隴	7121_1
婁	5040_4
樓	4594_4
盧	2121_7
廬	0021_7
瀘	3111_7
魯	2760_3
陸	7421_4
鹿	0021_1
路	6716_4
潞	3716_4
簬	8816_4
呂	6060_0
律	2520_7
綠	2793_2
菉	4413_2
灤	3219_4
略	6706_4
論	0862_7
羅	6091_4
洛	3716_4
絡	2796_4
駱	7736_4
M	
麻	0029_4
馬	7132_7
脈	7223_2
滿	3412_7
莽	4444_3
毛	2071_4
茅	4422_2
眉	7726_7
梅	4895_7
楳	4499_4
媚	4746_7
門	7777_7
蒙	4423_2
孟	1710_7
夢	4420_7
米	9090_4
秘	2390_0
祕	3320_0
密	3077_2
綿	2692_7
沔	3112_7
黽	7771_7
勉	2441_2
妙	4942_0
蠛	5415_3
岷	2774_7
閔	7740_0
閩	7713_6
名	2760_0
明	6702_0
繆	2792_2
摩	0025_2
秣	2599_0
莫	4443_6
墨	6010_4
牡	2451_0
木	4090_0
目	6010_1
牧	2854_0
穆	2692_2
N	
內	4022_7
那	1752_7
納	2492_7
南	4022_7
訥	0462_7
能	2121_2
倪	2721_7
拈	5106_0
年	8050_0
廿	4477_0
念	8033_2
鳥	2732_7
聶	1014_1
寧	3020_1
凝	3718_1
牛	2500_0
鈕	8711_5
農	5523_2
女	4040_0
O	
歐	7778_2
甌	7171_7
P	
拍	5600_0
潘	3216_9
盤	2710_7
判	9250_0
龐	0021_1
炮	9781_2
培	4016_1
裴	1173_2
沛	3012_7
佩	2721_0
彭	4212_2
澎	3212_2
捧	5505_3
皮	4024_7
毘	6071_1
毗	6101_0
埤	4614_0
琵	1171_1
甓	7071_7

P 至 S

駢 7834_1
頻 2128_6
平 1040_9
洴 3814_1
憑 3133_2
屏 7724_1
坡 4414_7
鄱 2762_7
破 1464_7
莆 4422_7
菩 4460_1
蒲 4412_7
濮 3213_4
浦 3312_7
普 8060_1
曝 6603_2

Q

七 4071_0
棲 4196_0
祁 3722_7
齊 0022_3
奇 4062_1
旗 0828_1
啓 3860_4
契 5743_0
千 2040_0
謙 0863_7
前 8022_1
錢 8315_3
乾 4841_7
潛 3116_1
黔 6832_7
槍 4896_7
喬 2022_7
切 4772_0
且 7710_0
篋 8871_3
鍥 8713_4
親 0691_0
欽 8718_2
秦 5090_4
琴 1120_7
沁 3310_0
青 5022_7
清 3512_7
鯖 2532_7
情 9502_7
慶 0024_7
穹 3020_7
丘 7210_1
邱 7712_7
秋 2998_0
求 4313_2
裘 4373_2
曲 5560_0
屈 7727_2
渠 3190_4
全 8010_4
權 4491_5
勸 4422_7
群 1865_1

R

饒 8471_1
熱 4433_1
人 8000_0
仁 2121_0
任 2221_4
訒 0762_0
日 6010_0
戎 5340_0
容 3060_8
蓉 4460_8
榕 4396_8
如 4640_0
儒 2122_7
汝 3414_0
阮 7121_1
芮 4422_7
瑞 1212_7
弱 1712_7

S

三 1010_1
桑 7790_4
僧 2826_6
沙 3312_0
痧 0012_9
山 2277_0
杉 4292_2
陝 7423_8
善 8060_5
傷 2822_7
商 0022_7
賞 9080_6
上 2110_0
尚 9022_7
韶 0766_2
少 9020_0
邵 1762_7
紹 2796_2
射 2420_0
涉 3112_2
攝 5104_1
申 5000_6
呻 6500_6
深 3719_4
甡 2511_4
神 3520_6
沈 3411_2
慎 9408_1
升 2440_0
笙 8810_4
省 9060_2
聖 1610_4
盛 5310_7
師 2172_7
詩 0464_1
施 0821_2
十 4000_0
石 1060_0
時 6404_1
識 0365_0
實 3080_6
食 8073_2
史 5000_6
矢 8043_0
始 4346_0
士 4010_0
氏 7274_0
世 4471_7
式 4310_0
事 5000_7
試 0364_0
是 6080_1
釋 2694_1
嗜 6406_1
筮 8810_8
收 2874_0
守 3034_2
壽 4064_1
受 2040_7
授 5204_7
瘦 0014_7

書 5060_1
疏 1011_3
舒 8762_2
蜀 6012_7
束 5090_6
沭 3319_4
述 3330_9
恕 4633_0
數 5844_0
漱 3718_2
雙 2040_7
水 1223_0
睡 6201_4
順 2108_6
說 0861_6
朔 8742_0
碩 1168_6
司 1762_0
思 6033_0
斯 4282_1
四 6021_0
泗 3610_0
松 4893_2
宋 3090_4
蘇 4439_4
素 5090_3
隨 7423_2
遂 3830_3
碎 1064_8
孫 1249_3
[illegible] 5918_6

T

獺 4728_6
台 2360_0
臺 4010_4
太 4003_0
泰 5013_2
曇 6073_1
談 0968_9
郯 9782_7
譚 0164_6
潭 3114_6
檀 4091_6
坦 4611_0
嘆 6403_4
湯 3612_7
唐 0026_7
棠 9090_4
倘 2922_7
弢 1224_7
桃 4291_3
陶 7722_0
騰 7922_7
滕 7923_2
藤 4423_2
梯 4892_7
題 6180_8
天 1043_0
田 6040_0
恬 9206_4
塡 4118_1
眺 6201_3
鐵 8315_0
桯 4691_4
聽 1413_1
庭 0024_1
通 3730_2
仝 8010_1
同 7722_0
佟 2723_3
桐 4792_0
銅 8712_0
童 0010_4
潼 3011_4
投 5704_7
圖 6060_4
塗 3810_4
涂 3819_4
屠 7726_4
退 3730_3
屯 5071_7
脫 7821_6
託 0261_4
籜 8854_1

W

外 2320_0
完 3021_1
玩 1111_1
宛 3021_2
晚 6701_6
菀 4421_2
萬 4442_7
汪 3111_4
王 1010_4
網 2792_0
輞 5702_0
望 0710_4
危 2721_2
威 5320_0
微 2824_0
煨 9683_2
巍 2241_3
爲 2022_7
韋 4050_6
圍 6050_6
偉 2425_6
緯 2495_6
葦 4450_6
衛 2122_1
未 5090_0
味 6509_0
畏 6073_2
渭 3612_7
蔚 4424_0
魏 2641_3
溫 3611_7
瘟 0011_7
文 0040_0
聞 7740_1
翁 8012_7
倭 2224_4
渦 3712_7
我 2355_0
沃 3213_4
臥 7870_0
烏 2732_7
無 8033_1
吳 2643_0
吾 1060_1
蕪 4433_1
五 1010_7
午 8040_0
伍 2121_7
武 1314_0
舞 8025_1
物 2752_0
悟 9106_1
婺 1840_4

X

夕 2720_0
西 1060_0
希 4022_7

奚	2043_0	小	9000_0	續	2498_6	硯	1661_0
息	2633_0	曉	6401_1	絜	4690_3	晏	6040_4
惜	9406_1	孝	4440_7	蓄	4460_3	猒	6323_4
犀	7725_3	校	4094_8	宣	3010_6	燕	4433_1
溪	3213_4	笑	8843_0	玄	0073_2	揚	5602_7
谿	2846_8	嘯	6502_7	選	3730_8	陽	7622_7
歙	8713_4	歇	6778_2	薛	4474_1	楊	4692_7
習	1760_2	協	4402_7	學	7740_7	瘍	0012_7
席	0022_7	斜	8490_0	雪	1017_7	仰	2722_0
隰	7623_3	諧	0166_1	尋	1734_6	養	8073_2
洗	3411_1	謝	0460_0	恂	9702_0	腰	7124_4
下	1023_0	心	3300_0	潯	3714_6	堯	4021_1
夏	1024_7	辛	0040_1	荀	4462_7	姚	4241_3
仙	2227_0	欣	7728_2	循	2226_4	瑤	1717_2
僊	2121_2	莘	4440_1	巽	1780_1	耶	1712_7
先	2421_1	新	0292_1	遜	3230_9	也	4471_2
咸	5320_0	信	2026_1	殉	1722_0	野	6712_2
閒	7722_7	興	7780_1			葉	4490_4
顯	6138_6	星	6010_4	**Y**		一	1000_0
峴	2671_0	惺	9601_4			伊	2725_7
憲	3033_6	行	2122_1	崖	2221_4	醫	7760_1
鄉	2722_7	邢	1742_7	雅	7021_4	依	2023_2
薌	4422_7	醒	1661_4	煙	9181_4	陭	7022_1
相	4690_0	幸	4040_1	鄢	1732_7	漪	3412_1
香	2060_9	性	9501_4	延	1240_1	儀	2825_3
湘	3610_0	雄	4001_4	閆	7710_1	夷	5003_2
襄	0073_2	熊	2133_1	嚴	6624_8	沂	3212_1
祥	3825_1	休	2429_0	研	1164_0	宜	3010_7
響	2760_1	修	2822_2	鹽	7810_7	怡	9306_0
向	2722_0	秀	2022_7	閻	7777_7	飴	8376_0
項	1118_6	繡	2592_7	顏	0128_6	荑	4452_7
象	2723_2	盱	6104_0	兗	0021_6	貽	6386_0
像	2723_2	胥	1722_7	儼	2624_8	遺	3530_8
消	3912_7	虛	2121_7	弇	8044_6	疑	2748_1
蕭	4422_7	徐	2829_4	衍	2122_1	乙	1771_0
銷	8912_7	許	0864_0	郾	7772_7	以	2810_0
瀟	3412_7	旭	4601_0	彥	0022_2	蟻	5815_3

倚	2422_1	詠	0363_2	鴛	2732_7	增	4816_6
義	8055_3	湧	3712_7	淵	3210_0	札	4291_0
藝	4473_1	用	7722_0	元	1021_1	乍	8021_1
秇	2491_7	攸	2824_0	垣	4111_6	翟	1712_7
亦	0033_0	尤	4301_0	原	7129_6	詹	2726_1
易	6022_7	柚	4596_0	圓	6080_6	瞻	6706_1
繹	2694_1	游	3814_7	袁	4073_2	戰	6355_0
奕	0043_3	遊	3830_4	源	3119_6	湛	3411_1
益	8010_7	友	4004_7	苑	4421_2	張	1123_2
逸	3730_1	有	4022_7	愿	7128_6	章	0040_6
瘞	0011_4	右	4060_0	月	7722_0	彰	0242_2
毅	0724_7	幼	2472_7	岳	7277_2	漳	3014_6
翼	1780_1	迂	3130_4	悅	9801_6	掌	9050_2
異	6080_1	于	1040_0	閱	7721_6	昭	6706_2
陰	7823_1	余	8090_4	粵	2602_7	趙	4980_2
蔭	4423_1	盂	1010_7	越	4380_5	照	6733_6
音	0060_1	魚	2733_6	雲	1073_1	肇	3850_4
殷	2724_7	俞	8022_1	芸	4473_1	折	5202_1
吟	6802_7	餘	8879_4	鄖	6782_7	柘	4196_0
銀	8713_2	漁	3713_6	允	2321_0	浙	3212_1
尹	1750_7	愚	6033_2	惲	9705_6	蔗	4423_7
飲	8778_0	榆	4892_1	韻	0668_6	貞	2180_6
隱	7223_7	虞	2123_4			針	8410_0
印	7772_0	雨	1022_7	**Z**		眞	2180_1
胤	2201_0	禹	2042_7			甄	1111_7
應	0023_1	語	0166_1	雜	0091_4	振	5103_2
英	4453_0	庾	0023_7	宰	3040_1	賑	6183_2
嬰	6640_4	玉	1010_3	再	1044_7	鎮	8418_1
滎	9923_2	郁	4722_7	在	4021_4	震	1023_2
瀛	3011_7	鬱	4472_2	贊	2480_6	徵	2824_0
映	6503_0	鈺	8111_3	牂	2825_1	正	1010_1
庸	0022_7	諭	0862_1	臧	2325_0	証	0261_8
雍	0021_4	喻	6802_1	臟	7425_3	鄭	8742_7
顒	6148_6	寓	3042_7	棗	5090_2	支	4040_7
永	3023_2	御	2722_0	澤	3614_1	芝	4430_7
甬	1722_7	裕	3826_8	迮	3830_1	知	8640_0
咏	6303_2	豫	1723_2	曾	8060_6	巵	7221_7

	祗	3224_0	篆	8823_2
	執	4441_7	莊	4421_4
	直	4071_6	壯	2421_0
Z	職	1315_0	卓	2140_6
	摭	5003_7	琢	1113_2
	止	2110_0	茲	4473_2
	趾	6111_0	資	3780_6
	志	4033_1	淄	3216_3
	治	3316_0	子	1740_7
	炙	2780_9	梓	4094_1
	質	7280_6	紫	2190_3
	郅	1712_7	字	3040_7
	致	1814_0	自	2600_0
	智	8660_0	宗	3090_1
	中	5000_6	踪	6319_1
	忠	5033_6	總	2693_0
	終	2793_3	鄒	2742_7
	鐘	8011_4	祖	3721_0
	鍾	8211_4	最	6014_7
	種	2291_4	醉	1064_8
	仲	2520_0	尊	8034_6
	重	2010_4	左	4001_1
	周	7722_0	作	2821_1
	籀	8856_2		
	袾	3529_0		
	朱	2590_0		
	硃	1569_0		
	諸	0466_0		
	竹	8822_0		
	竺	8810_1		
	住	2021_4		
	助	7412_7		
	注	3011_4		
	註	0061_4		
	祝	3621_0		
	著	4460_4		
	鑄	8414_1		

書 名 索 引

0

00104 童
17~子鳴集 527
44~蒙訓 283

00114 瘞
47~鶴銘考 266

00117 瘟
00~疫傳症彙編 312

00118 痘
00~疹詩賦　治痘總訣　經驗治痘良方　痲疹總論 321
~疹全書 321
~疹會通 321
24~科扼要 321

00120 痢
02~證匯參 313

00127 瘍
24~科選粹 320
77~醫統析 320

00129 痧
71~脹玉衡書 313

00147 瘦
10~石稿　舊雨題贈 602
21~紅館詞　題詞 742
88~竹幽花館詩餘 743

00167 瘡
00~瘍經驗全書 319

00211 鹿
22~山詩集　文集　青原餘集 574
32~洲全集 1042
60（乾隆）~邑縣志 214

00214 雍
00~音 700

00216 兖
32（康熙）~州府志 174

00217 廬
22~山集　英溪集 485
~山志 243
~山東林乾明寺宗雷聲禪師語錄 410
32（乾隆）~州衛志 195

00223 齊
30（重定）~家寶要 292

77~民要術 300

0022_7 方

10~正學先生遜志齋集 外記 498
22~山薛先生全集 517
32~州先生集 讀史錄 502
43~城遺獻 續刻 702
44~麓居士集 520
72~氏墨譜 344
77（欽定）~輿路程考略 131
~輿勝略 130
88~簡肅公文集 附錄 506

帝

00~京景物畧 238
10~王經世圖譜 378
88~鑑圖說 110

高

10（順治）~平縣志 155
20~季迪先生大全集 495
21~上玉皇本行集經 422
26~皇帝御製文集 492
27（雍正）~郵州志 183
30（道光）~安縣志 203
（乾隆）~密縣志 172
44（康熙）~苑縣誌 170
（康熙）~苑縣續志 171
48~梅亭讀書叢鈔 1044
67（康熙）~明縣志 227
（道光）~明縣志 227
72~氏三宴詩集 附香山九老詩 673
74（嘉靖）~陵縣志 162
76~陽集 535
~陽山人文集 詩集 補遺 附錄
（雍正）~陽縣志 142

商

00~文毅公集 500
17~子 299

庸

44~菴集 491

0023_1 應

03~試唐詩說詳 681
32（乾隆）~州續志 149
（萬曆）~州志 149

0023_2 康

00~齋先生文集 附錄 502
34~對山先生文集 附錄 507
~對山先生集 507
40~太乙詩稿 568
77~熙字典 60
~熙乾隆南巡行宮圖 249

0023_7 庚

17~子銷夏記 331
38~道集 422
50~申北略 103

庾

17~子山集 年譜 總譯 433
77~開府集 433

0024_0 府

80（乾隆）~谷縣志 164

0024_1 庭

00~立記聞 371

0024₇ 廢

44~莪山房詩稿 文稿 568

慶

11（道光）~元縣志 195
47（康熙）~都縣志 142
88（嘉慶）~符縣志 233

度

55~曲須知 絃索辨訛 776
71~隴記 251

0025₂ 摩

01~訶般若波羅密經 401
~訶般若波羅密多心經 402
~訶僧衹律 405

0026₁ 唐

90~堂集 續 補遺 冬錄 579

0026₇ 唐

00~文粹 672
~文粹刪 673
~音審體 679
~音戊籤 餘閏 餘諸國主詩 677
~音類選 拾遺 675
~襄文公文定 510
~六名家集 630
04~詩韻匯 677
（批點）~詩正聲 675
~詩百名家全集 633
（刪定）~詩解 676
~詩解 詩人爵里 676
~詩紀 675
~詩近體集韻 676
44（新刊三訂便蒙）~詩鼓吹大全 新增草堂辭調賦歌 675
~詩觀瀾集 唐人小傳 680
~詩成法 679
~詩品彙 拾遺 詩人爵里詳節 675
~詩別裁集 679
~詩貫珠 679
~詩金粉 393
（網師園）~詩箋 680
~詩箋註 681
~詩類苑 675
（重較）~詩類苑選 677
10~五言六韻分類排律選 679
[類箋]~王右丞詩集 文集 外編 年譜 歷朝諸家評王右丞詩畫鈔 唐諸家同咏集 贈題集 435
~王右丞詩集 435
~元次山文集 拾遺 444
17~丞相曲江張文獻公集 千秋金鑑錄 附錄 434
22~樂府 676
25~律消夏錄 678
26~伯虎先生集 外編 507
30~宋名賢百家詞 729
~宋名賢歷代確論 269
~宋叢書 926
~宋十大家全集錄 626
~宋陽秋 101
~宋八家文讀本 670
~宋八家詩 621
~宋八家詞 734
~宋八家鈔 621
~宋八大家文鈔 619
~宋八大家文分體讀本一

集　二集　三集　附錄　670
~宋八大家類選　670
40~十二家詩　630
~大家柳柳州文抄　453
~才子傳　考異　112
42~荊川集　515
~荊川先生文集　515
（新刊）~荊川先生稗編　384
44~世說新語　362
~黃御史集　附錄　457
47~柳先生集　外集　龍城錄　452
~柳河東集　外集　遺文　附錄　453
48~翰林李太白年譜　437
50~摭言　362
~書（劉昫）　83
~書（歐陽修）　83
60~四家詩　628
62（康熙）~縣志　142
~雅　675
70~雅同聲　676
72~劉隨州全集　436
77~駱先生文集　434
~賢三昧集　678
80~人寫經　396
~人選唐詩　629
~人萬首絕句選　678
~會元精選批點唐宋名賢策論文粹　665
91~類函　387

00286　賡

00~齋詩集　詩餘　603

廣

00~文選　653
~文選刪　668
06~韻　61
10（乾隆）~平府志　145
（康熙）~平縣志　145
（乾隆）~西府志　237
（雍正）~西通志　229
（新鐫繡像旁批詳註總斷）~百將傳　112
24（乾隆）~德州志　198
30（咸豐）~安州志　234
32~近思錄　292
33~治平略　392
（亦政堂鐫陳眉公家藏）~祕笈　917
34~漢魏叢書　904
37（康熙）~通縣志　238
43~博物志　387
~博嚴淨不退轉法輪經　401
50~事類賦　390
~東新語　240
（康熙）~東通志　225
56~輯田家五行　301
60~四十家小說　372
（乾隆）~昌縣志　142
77~輿記　130

00294　麻

43（康熙）~城縣志　219

00330　亦

10~玉堂稿　524
~吾廬偶存　606

00400　文

00~章辨體　外集　總論　664
~章練要　716
~章練要左傳評　33

12~水李忠肅先生集　附 535
（康熙）~水縣志 153
17~子 422
18~致 668
21~貞公集 557
22~山先生全集 483
23~獻通考鈔 254
~獻通考 253
~編 664
30~房肆考圖說 344
~家稽古編 359
（康熙）~安縣志 140
~字會寶 667
33~心雕龍 713
35~津 669
~清公薛先生文集 499
37~選 649
~選　考異 650
~選音義 652
（重訂）~選集評 652
~選補遺 653
~選尤 651
~選錦字錄 385
~選纂註 651
~選類林 378
40~壇清鑒集 1043
44~苑英華 653
~苑英華律賦選 653
~苑英華選 653
~苑英華鈔 653
~苑春秋 664
~蔚堂詩集 573
48~翰類選大成 664
50~肅公文集　外集 502
~肅公圭峯羅先生文集附錄 505
75~體明辯　附錄 665
77~覺禪師草亭老人語錄 411
90~粹　文粹補遺 673

00406 章

77（乾隆）~邱縣志 174

00408 交

43（康熙）~城縣志 153
22~山平寇本末 102

00414 離

77~騷辯 428
~騷集傳 427
~騷經訂註　屈原傳 427
~騷圖 428

00433 奕

16~理指歸圖 343

00441 辨

01~証論 412
27~物志 390

辦

20~香山房詩集 605

00601 音

06~韻日月燈 64
~韻闡微　韻譜 65
77~學五書 65

00614 註

00~唐詩鼓吹 674
74~陸宣公奏議 105

00732 玄

00~玄碁經 343

53~感軒稿　532
59~抄類摘　333
77~門秘訣　424

襄

43（康熙）~城文獻錄　215
74（康熙）~陵縣志　159
（雍正）~陵縣志　159
76（乾隆）~陽府志　220
~陽守城錄　102

0080₀　六

11~研齋筆記　353
17~子書　274
20~壬鈐　327
21~經天文編　323
~經圖　（楊甲）　46
~經圖　（鄭之僑）　47
30~家詩選　630
（乾隆）~安州志　196
37~祖大師法寶壇經　408
40~十種曲　754
~吉齋字書四種　60
46~如唐先生畫譜　337
47~朝文絜　670
~朝三唐文集　666
50~書正譌　58
~書通　59
~書故　58
~書精蘊　音釋舉要　59
71~臣註文選　諸儒議論　650
80（順治）~合縣志　177

0090₆　京

72~氏易傳　周易略例　13

0091₄　雜

44~著三種　936

0121₁　龍

22~川先生文集　附錄　480
28~谿王先生全集　516
32（嘉慶）~州紀略　229
38（康熙）~游縣志　194
47~塢集　文集　531
60（新評）~圖神斷公案　720
77~鳳奇緣　764
77（增訂）~門四書圖像人物備考　圖　42

0128₆　顏

17~習齋先生年譜　119
22~山雜記　242
27~魯公集輯覽　436
72~氏家訓　350

0166₁　語

88~餘謾錄　附集　559

諧

47~聲補逸　56

0212₇　端

32~溪研志　344
~溪先生集　509

0242₂　彰

24（乾隆）~德府志　213

0261₄　託

50~素齋文集　詩集　行述　555

0261₈　證

33~治百問　313

~治彙補 313
~治合參 313

02664 話

22~山先生詩藳 文藳 別錄 558
74~墮集 603

02800 刻

10~兩蘇王曾宋四大家文選 682

02921 新

00~序 282
~齊諧 374
12~列國志 721
28（乾隆）~修慶陽府志 166
（順治）~修望江縣志 196
（萬曆）~修上虞縣志 192
（康熙）~修萊蕪縣志 174
（乾隆）~修曲沃縣志 157
30~安二布衣詩 699
43~城王氏家集 364
（康熙）~城縣志 （河北） 142
（康熙）~城縣志 （浙江） 188
44（乾隆）~蔡縣志 216
50~書 281
60（康熙）~昌縣志 193
68~喻三劉文集 709
~喻梁石門先生集 493
77（康熙）~興州志 236
（康熙）~興縣志 228
87（康熙）~鄭縣志 211

03632 詠

50~史小樂府 556
90~懷堂新編十錯認春燈謎記 759

03640 試

41~帖詩集 661

03650 誠

10~一堂琴譜 琴談 342
50~書 321

識

71~匡齋全集 536
90~小編 360

04600 謝

00~文莊公集 附錄 502
10~耳伯先生初集 全集 539
60~疊山先生文集 484
72~氏硯考 344

04627 訥

28~谿先生詩錄 文錄 尺牘 雜錄 518

04641 詩

02~話類編 715
07~詞雜俎 620
20~雋類函 658
21~經 23
~經集傳 22
~經集傳拾遺 23
~經通解 附詩序 23
~經古音 24
~經世本古義 23
23~外傳 24
25~傳名物集覽 24
~傳大全 綱領 圖 詩

序辨說 22
27~歸 657
~紀 656
30~家直說 715
~家全體　續補 657
~宿　詩人考世 657
34~法　詩法源流 715
35~禮堂古文 582
40~存　觀劇絶句 590
~古音 24
42~媛名家紅蕉集 692
44~林韶濩 660
~林韶濩選 660
~林韶濩選評 660
46~觀初集　二集　閨秀別卷　三集　閨秀別卷 690
54~持二集 656
72~所　歷代名氏爵里 657
80~人玉屑 714

0466₀　諸

00（鼎鐫）~方家彙編皇明名公文雋 687
17~子 276
~子彙函 366
~子品節 367
21~儒箋解古文眞寶前集　後集 664
25~佛世尊如來菩薩尊者神僧名經　諸佛世尊如來菩薩尊者名稱歌曲　感應歌曲 407
~佛如來菩薩名稱歌曲 408
43（康熙）~城縣志 171
44~葛丞相集　附錄 430
50~史提要 125
~書考略 387
71（乾隆）~暨縣志 192

0468₆　讀

40~左補義 33
~左日鈔　補 33
44~杜心解 443
50~史亭詩集　文集 546
~史四集 126
~史備忘 125
~史偶吟 596
~史蒙拾 364
~史舉要 128
~書後 520
~書紀數略 391
~書作文譜　父師善誘法 716
（寶顏堂增訂）~書鏡 354
~書堂綵衣全集 561
~書堂杜工部詩集註解　文集註解　編年詩史譜目 442

0512₇　靖

31（咸豐）~江縣志稿 183
32（乾隆）~州志 224
38~海記　附襄壯公傳 97

0668₆　韻

08~譜本義 65
10~石齋筆談 366
21~經 64
30~府便考 66
~字辨同 67
33~補 61
77（重訂併音連聲）~學集成　直音篇 64

0691₀　親

18～政綸音 104

0710_4 望

10～雲草 552
31（乾隆）～江縣志 196
32～溪文選 577

0722_7 鄘

32（康熙）～州志 164

0724_7 毅

00～齋查先生闡道集　附錄 525

0742_7 郊

77～居詩抄 704
～居遺稿 530

郭

44～華野先生疏稿 108

0761_7 記

50～事珠 384
88～纂淵海 380

0762_0 訒

44～葊集古印 268

詞

08～譜 748
23～綜 744
25～律　發凡 748
44～苑英華 729
～斟 743
～林紀事 747
～林海錯 386
77～學叢書 733

調

30～實居士證源錄 415

0766_2 韶

32（康熙）～州府志 225

0821_2 施

00～註蘇詩　蘇詩續補遺　王註正譌 469
60～愚山先生全集　年譜　隨村先生遺集 553

0828_1 旗

00～亭記 762

0861_6 說

00（重刻繡像）～唐演義全傳　後傳 723
（新增）～文韻府群玉 383
～文解字 55
～文解字斠詮 56
～文解字篆韻譜 56
～文字原 58
～文字原考略 56
～文拈字　補遺 56
～文繫傳考異　附錄 56
22～嵩 242
27～郛 786
～郛續 849
30～安堂集 552
44～莊 420
（重刻）～苑新序 282
60～易 17
67～略 387
77～學齋稿 494
88～鈴前集　後集　續集 947

91~類　368

0862_{1}　諭

34~對錄　勅諭錄　104

0862_{7}　論

01~語集註大全　39
（南海先生）~語注稿　40
~語或問錄要　40
21~衡　349
44~世編　270

0863_{7}　謙

80~谷集　597

0864_{0}　許

00~文正公遺書　1019
~文穆公集　524
~文穆公全集　524
27~魯齋先生集　487
32（乾隆）~州志　214
72~氏巾箱集　1017

0925_{9}　麟

32~溪集　703
77（新編繡像簇新小說）~兒報　726

0968_{9}　談

21~經菀　42

1

1000_{0}　一

00~齋雜著　359
~齋集　1024
12~瓢齋詩存　吾以吾鳴集鈔　586
20~統志案説　130
22~山老人史鑿　改元考名臣略　126
41~瓻筆存　987
47~切經音義　411
88~笠菴北詞廣正譜　775

1010_{0}　二

00~方詩鈔　705
10（增訂）~三場群書備考　386
30~家詩鈔　648
35~禮經傳測　29
40~十一史　69
~十一史文鈔　126
~十二史感應錄　126
（周玉繩先生家藏）~十三史綺編　126
~十七松堂集　567
~十四史　71
~南遺音　701
~希堂文集　577
44~林居集　599
46~如亭群芳譜　346
50~申野錄　103
80~谷山人詩文集　緱山侯氏譜　附錄　518
~谷山人集　518
88~餘詞　附錄　742
~餘堂叢書　967

1010_{1}　三

00~唐人文集　628
10（一貫齋輯刻）~元選擇丹書　328

~百詞譜 748
12~水小牘 372
~孔先生清江文集 704
17~子合刊 417
21~經評註 12
26~吳水利圖考　蘇松常鎮水利圖 248
27~魚堂賸言 293
30~家詩遺說　補 24
~家詩拾遺　三家詩源流 24
（新刻全像）~寶太監西洋記通俗演義 725
31~江閘務全書　附湯神事實錄 248
32~州輯略 168
35~禮約編喈鳳 29
（新定）~禮圖 28
40~十六芙蓉吟館詩文存 605
~才靈應 327
~才彙編 390
~才圖會 385
（御刻）~希堂石渠寶笈法帖 332
44~藩紀事本末 96
~蘇先生文粹 710
~劫三千佛緣起過去莊嚴劫千佛名經　現在賢劫千佛名經　未來星宿劫千佛名經 396
47~朝聖諭錄 104
~朝野紀 103
50~史文類 665
55~農記 301
60~國志 81
（官板大字全像）~國志 721
~國志通俗演義 721
~國纂略 127
~易集 542
~因極一病源論粹 314

正

00（重修）~文對音捷要眞傳琴譜大全 340
~音攟言 386
03~誼堂全書 945
06~韻篆字校 65
20~信除疑無修証自在寶卷 768
~信除疑無修証自在寶卷句解 768
~香簃吟草 608
24~續名世文宗 665
30~字通 60
（乾隆）~定府志 136
43~始堂詩集 538
44~藏書　續藏書 77
71~頤堂詩集 593

1010₃ 玉

12~磑集 558
16（雍正）~環志 193
21~紅草堂詩文　附天津龍氏家譜存略 574
22~山璞稿 491
28~谿生詩意 455
34~池生稿　雲笥詩　織字軒詩 581
38~海 382
40~臺新詠 679
~臺新詠　續玉臺新詠 654
42~機微義 315
44~芝堂談薈 369
~燕堂四種曲 761
~茗堂詩集　賦 531
~茗堂還魂記 759

（新鐫）~茗堂批點按鑑參補北宋志傳 723
（新鐫）~茗堂批點按鑑參補楊家將傳 723
~茗堂四種傳奇 758
~茗堂尺牘 532
60（乾隆）~田縣志 139
77（嘉慶）~門縣志 167
82（眞本）~釧緣 766
88~笥集 490
90~堂叢語 363
~堂才調集 391

1010_4 王

00~摩詰詩集 435
~文端公詩稿 奏疏 尺牘 528
~文肅公文草 年譜 523
~文成公全書 507
~文敏公手拓古泉 267
~文敏公經進稿 610
~文恪公集 名公筆記 鵾音 白社詩草 503
02~端毅公文集 500
10~石和文 577
17~柔奏稿 附王顯緒奏稿 108
23（增刊校正）~狀元集註分類東坡先生詩 468
~狀元集百家註分類東坡詩 468
25~仲山先生詩選 文選 517
28~綸閣先生稿本彙錄 1051
37~漁洋遺書 1029
38~道增行狀 117
40~太初先生五岳遊草 251
~右丞集 435
42~荆文公詩 補遺 466
~荆石先生批評韓柳文 638
~荆公唐百家詩選 674
44~考功年譜 118
46~槐溪先生文集 521
50~忠文公文集 傳 繼志齋文稿 王瞶齋詩稿 王齊山稿 494
~忠文公集 494
~奉常集詩 文 目錄 523
72~氏家譜 122
~氏家藏集 1021
~氏存笥稿 517
~氏脈經 310
~氏錄存詩彙草 706
76~陽明先生全集 507
77~覺斯初集 544
~艮齋詩集 文集 583
80~公治績紀略 117
96~惺所先生文集 536

1010_7 五

00~唐人詩集 629
01~龍山人集 513
02~刻徽郡釋義經書士民便用通考雜字 389
17~子閱 273
21~經疑問 重訂四書疑問 48
~經摘註 47
~經四書大全 3
~經四書疏略 12
~經類語 47
~經類編 49
23~代詩話 漁洋詩話 715
~代名畫補遺 335
~代史記 76
~代史補 五代史闕文 101
~代會要 254

24～先生學約 293
30～家詞 734
31（嘉慶）～河縣志 197
35～禮通考　讀禮通考 29
40（康熙）～臺縣志 150
44～蓮山志 244
60～品稿 536
70～雅 53
75～體集唐 525
80～公山人集 551
86～知齋琴譜 342
92～燈會元 411

盂

44～蘭盆經疏　音義 395
～蘭盆經疏孝衡鈔 395
62（乾隆）～縣志 152

1010_{8} 豆

47～棚閒話 720

靈

00～應泰山娘娘寶卷 772
10（康熙）～石縣志 152
22～巖山人詩集　弁山畢公年譜 598
（嘉慶）～山縣志 230
44～棋經 327
66～嚴志 242
70（乾隆）～璧縣志略　河渠原委　河防錄 197
72～隱子 434
77（康熙）～邱縣誌 149

1011_{3} 疏

44～草 107

1017_{7} 雪

06～韻堂批點燕子箋記 759
12～磯叢稿 483
22～川詩稿 573
37～鴻堂文集 553
44～莊西湖漁唱　雪莊西湖漁唱題詞 597
～菴詩存 566
47～聲軒詩集 588
77～月梅傳 726
88～笠山人詩 608
90～堂先生集選 548

1020_{0} 丁

34～汝昌海軍函稿 297

1021_{1} 元

00～文類 684
04～詩選　補遺 684
～詩選初集　二集　三集 683
11～張文忠公歸田類稿　附錄 486
21～經薛氏傳 86
22～豐類藁 462
26～白長慶集 638
～和郡縣圖志 129
～和姓纂 376
（乾隆）～和縣志 178
31（道光）～江州志 236
35～遺山詩集 485
55～曲選　論曲 749
67～明清三代地契 260
72（乾隆）～氏縣志 137
80～人集十種 646

1021_{4} 霍

77（乾隆）~邱縣志 196

1022_7 兩

10~晉南北史合纂 127
22~山墨談 352
32~浙名賢錄　外錄 115
（敕修）~浙鹽法志 257
34~漢文選 672
~漢紀 92
~漢博聞 127
77~間草堂詩稿 608
90~當軒詩鈔 605
（乾隆）~當縣志 167

而

44~菴說唐詩 715

爾

70~雅 53
~雅註疏 54
~雅正義　釋文 54
~雅翼 55
~雅補郭 54

雨

50~春軒詩草　經進詩 601

1023_0 下

25~生嘆世寶卷 771

1023_2 震

22~川先生集　別集　附錄 524
36（弘治）~澤編 180
（乾隆）~澤縣志 180

1024_7 覆

01~瓿集 496

夏

44~桂洲先生文集　年譜 512
50~忠靖集　附錄 499
60（康熙）~邑縣志 214
90~小正集解 28

1030_7 零

74（嘉慶）~陵縣志 223

1040_0 于

22~山奏牘 107
35~清端公政書　外集 107
50~忠肅公集 499
90~少保萃忠全傳 725

1040_9 平

00（康熙）~度州志 172
22（康熙）~山縣志 137
~山堂圖志 249
（乾隆）~利縣志 164
34（嘉慶）~遠縣志 226
37（乾隆）~湖縣志 188
（康熙）~遙縣志 152
42~橋藁　附錄 500
80（乾隆）~谷縣志 132
92~叛記 102

1043_0 天

00~文會通占 326
10~下山河兩戒考 130
20（新刻）~傭子全集 540
~香別墅詩稿 609
~香全集 1048
22~仙聖母源流泰山寶卷 772
23~台山全志 243
~台林公輔先生文集 498

（康熙）~台縣志　193
31~渠濟禪師語錄　410
34~池雜稿　526
35（乾隆）~津府志　134
（康熙）~津衛志　134
37~祿識餘　363
（欽定）~祿琳琅書目　261
38~啓宮詞百詠　543
44~花藏批評玉嬌梨　天花藏批評平山冷燕　725
~花精言　321
50~中記　384
60~愚先生詩鈔　文鈔　附錄　542
71~馬山房遺稿　514
72~隱子　坐忘論　鉛汞論　422
80~益山堂遺集　續刻　540
84（乾隆）~鎮縣志　148
（道光）~鎮縣志續錄　148

1044$_{7}$　再

40~來緣樂府　753

1052$_{7}$　霸

32（康熙）~州志　140

1060$_{0}$　石

10（乾隆）~硅廳志　234
12~聯遺稿　515
22~山醫案　301
31~渠閣訂刻王謹山先生集　552
~渠餘紀　356
~淙詩稿　503
37~洞貽芳集　703
~湖詞　補遺　和石湖詞　741
~湖居士詩集　479
40~柱記淺釋　249
44~鼓齋全集　598
~林燕語　350
~林居士建康集　474
45（康熙）~埭縣志　201
（雍正）~樓縣志　154
~樓臆編　392
47~榴記傳奇　762
60~墨鐫華　266
~園全集　544
~田稿　505
~田先生集　506
72~隱園藏稿　532
77（乾隆）~屏州續志　237
（乾隆）~屏州志　237
~居士詩刪　535
~門文字禪　472
（康熙）~門縣志　（浙江）　189
（康熙）~門縣志　（湖南）　224
（嘉慶）~門縣志　224
~臼前集　後集　544
80（乾隆）~首縣志　220
~倉世纂　707
90~堂集　558

百

10~一山房詩集　595
~一草堂集唐初刻　二刻　三刻　附刻初編　587
22~川學海　779
27~名家詩選　690
30~家類纂　368
40~十二家墨錄題詞　694
77~尺梧桐閣詩集　文集　561

西

00（康熙）~充縣志 234
（新編）~方子明堂灸經 322
10~夏書事 102
（康熙）~平縣志 215
~晉文 672
（新鍥重訂出像註釋）~晉志傳通俗演義題評 東晉志傳題評 紀元傳 722
22~崑訓唱集 681
~山先生眞文忠公文章正宗 663
~山先生眞文忠公文章正宗讀本 續 歌詩 664
~山先生眞文忠公文集 481
30（乾隆）~寧府新志 167
（康熙）~寧縣志（河北） 138
（康熙）~寧縣志（廣東） 228
32~溪叢語 351
~巡盛典 257
34~漢儒林傳經表 49
35~清古鑑 錢錄 265
37~湖六一泉崇祀錄 111
~湖佳話古今遺蹟 719
~湖遊覽志 志餘 247
~湖志 247
~湖志纂 247
~湖款乃集 701
38~遊證道大奇書 727
（新說）~遊記 727
~遊眞詮 727
43（欽定）~域同文志 61
44~莊始存稿 596
~村詩集 補遺 513
~林全集 539
50（重訂）~青散記 374
57~招圖略 238
60~園聞見錄 363
74~陂類稿 559
77（康熙）~隆州誌 230
90~堂全集 1035

1060₁ 吾

77~學編 1023

晉

07~記 82
50~書 81
~書載記 91
~春秋傳奇 763
74~陵集 527
76~陽隨筆 371

1060₃ 雷

32（康熙）~州府志 228

1062₀ 可

10~石小草 604

1064₈ 醉

16~醒石 719
40~古堂劍掃 369

碎

80~金詞抄 748

1073₁ 雲

01（雍正）~龍州志 238
10（嘉慶）~霄廳志 208
22~嶺志 242
~山日記 119
40（康熙）~南府志 235
（隆慶）~南通志 235
（康熙）~南通志 235
（乾隆）~南通志 235

~南苗族風俗圖 240
50（順治）~中郡誌 148
77~居聖水寺志 250
91~煙過眼錄　續錄 363

10772　函

50~史 77

10806　貢

90~尚書玩齋集 489

賈

17~子 281

10900　不

10~平則鳴錄 300
26~得已 324
30~遮山閣詩鈔前集　後集　詩餘 566
37~退轉法輪經　二經同卷 396

11110　北

07（重刻徐幼文）~郭集 496
26~泉文集 514
32~溪詩集　文集 604
38~游漫稿文 526
50~史演義 722
67~墅緒言 546
~黟山人詩　附錄 570
90~堂書鈔 375

11111　玩

44~芳堂摘稿 514
60~易心得 19

非

77~周禮辨　經傳正譌 26

11114　班

71~馬異同 79

11120　珂

10~雪詞　補遺　詞話 742

11132　琢

50~春詞 742

11186　項

00~襄毅公年譜　實紀　遺稿 118
42~斯詩集 454

11207　琴

08~譜 342
~譜新聲　指法琴說 342
50~書大全 341
77~學彙粹 341

11211　麗

27~句集 389

11232　張

00~文定公觀光樓集　環碧樓集 509
~文定公四友亭集 509
01~龍湖先生文集 512
10~雪鴻書畫册 339
12~水南文集 512
17~子全書　附錄 283
25~仲景傷寒論辯證廣註 311
~仲景傷寒論貫珠集 312
26（明）~伯起詩稿 525
34~邁臨孫過庭書譜 332
37~洺南詩集 519

40（新刻）~太岳先生詩文集 519
44~横渠先生集 472
88~簣山三種 1037
~簣山唾居隨錄節要 294

11640 研

10~露樓琴譜 342
15~硃集五經總類 47
22~山齋雜記 366
90~堂詩 附贈言 續稿 晚稿 拾遺 花外散吟 581

11686 碩

60~園詩稿 552

11711 琵

11（輯刻）~琶亭詩 703
~琶俠 763

11801 冀

32（乾隆）~州志 續編 144

12108 登

32（順治）~州府志 172
40~壇必究 296

12127 瑞

76~陽阿集 530

12172 聯

21~經 370

12200 列

17~子 421
~子通義 421
23~代建元表 建元類聚考 92
40~女傳 109
（新鐫批評繡像）~女演義 719
47~朝詩集乾集 甲集前編 甲集 乙集 丙集 丁集 閏集 686
（錢牧齋先生）~朝詩集小傳 114
~朝詩集小傳 114
60（新刻京本）~國志傳 721

12230 弘

67~明集 411
76~陽秘妙顯性結果經 770
~陽苦功悟道經 769
~陽嘆世經 770
~陽悟道明心經 770
80（敕建）~慈廣濟寺新志 250
88~簡錄 77

水

10~雲集 附錄 484
21~經注 244
~經注 山海經 244
~經注重校本 附全校水經酈注水道表 245
~經注釋 246
~經注箋 245
33~心文集 480
~心文鈔 480
38~滸後傳 論略 724
（第五才子書施耐庵）~滸傳 724
~道提綱 246
44~蓮集 536
50~東日記 362
55~曹清暇錄 356

67~明樓集 534
77~月齋指月錄 414

1224_7 弜

53~甫五岳集 585
~甫集　附旌門錄 585

1240_1 延

00（乾隆）~慶州志 133

1241_0 孔

16~聖家語圖 280
17~子集語 280
~子家語 279
32~叢子 281

1241_3 飛

01~龍傳 724

1249_3 孫

00（新鐫）~龐演義 721
~文定公全集 1027
10~可之集 456
21（重刊）~眞人備急千金要方 313
30~宗伯集 529
90~尚書内簡尺牘編註 475

1260_0 副

60~墨 521

1310_0 恥

27~躬堂文集 555

1313_2 琅

46~嬛天文集 324
78（乾隆）~鹽井志 237

1314_0 武

00（道光）~康縣志 190
21~經總要前集　后集　百戰奇法　行軍須知 295
~經七書匯解 295
24~備要略 297
~備志 296
27（康熙）~鄉縣志 156
30（嘉慶）~宣縣志 229
（道光）~寧縣志 202
（萬曆）~進縣志 182
（乾隆）~定府志 169
35（乾隆）~清縣志 135
43（乾隆）~城縣志 169
44~英殿聚珍版叢書 950
50~夷山志 244
60（康熙）~邑縣志 144
77（乾隆）~岡州志 223
90~當山玄天上帝經 769

1315_0 職

30~官分紀 378

1325_3 殘

00（鐫李卓吾批點）~唐五代史演義傳 723

1413_1 聽

16~硯香館隨錄 365
20~香樓悼亡詩 659

1464_7 破

77~邪顯証鑰匙卷 767
~邪顯証鑰匙卷句解 768

1540_0 建

00~文遜國臣記 113
10（雍正）~平縣志 198
12（雍正）~水州志 237
24（道光）~德縣志 187
30（康熙）~寧府志 205
（乾隆）~寧縣志 209
~安七子集 618
90~炎以來朝野雜記 254

1561_8 醴

74（嘉慶）~陵縣志 222

1569_0 硃

51~批諭旨 104

1610_4 聖

08~諭廣訓 291
~諭講解錄 104
~諭像解 292
30（重校）~濟總錄 314
37~祖仁皇帝庭訓格言 291
46~楞伽阿跋多羅寶經 附滿文經 401
77~學心法 287
~學格物通 纂要 288

1613_0 聰

22~山集 1027

1660_1 碧

22~山學士集 529
42~桃仙館詞 743
60~里六種 1021
77~腴齋詩鈔 594

1661_0 硯

10~雲甲乙編 附昆耶寶驅暑間抄 964
22~山齋集 355
28~谿先生全集 1041

1661_4 醒

44~世姻緣傳 726

1710_3 丞

46~相魏公譚訓 350

1710_7 孟

17~子 40
~子疏證班爵祿 40
~子集註大全 40
（南海先生）~子微稿 41
~子四考 40
34~浩然詩集 436
50~東野詩集 446
453
~東野集 聯句 453
88~筱帆先生手稿 365
97~鄰堂文鈔 579

1712_0 聊

00~齋志異 720
26~自娛齋印存 340

1712_7 弱

12~水集 581

鄧

00~文潔公佚稿 528

1717_2 瑤

44~華集 附錄 詞人姓氏爵里表 746
90~光閣詩集 文集 新集 541

1722_0 殉

40~難錄殘稿 116

1722_7 甬

21~上耆舊詩 702
50~東詩括 701

胥

40（衡藩重刻）~臺先生集 514

1723_2 豫

00~章先生遺文 472

1732_7 鄢

60~署雜鈔 215

1734_6 尋

27~壑外言 561

1740_7 子

00~雍如禪師住永慶禪院語錄 410
27~彙 276
44~華子 347
50~史精華 393

1740_8 翠

30~寒集 488
31~渠摘稿 503
46~娛閣評選鍾伯敬先生合集文集　附集 536
66~嚴遺稿 1015
88~筠亭集　補遺 537

1742_7 邗

12~水雜詩 607

1752_7 弔

08~譜補遺 343

1760_1 砦

32~溪詩話 714

1760_2 習

60~是編 294

1762_0 司

71~馬文正公集略　詩集 461
~馬文正公傳家集　附錄年譜 460
~馬溫公文集 460
~馬溫公稽古錄 87
~馬太師溫國文正公傳家集 460
~馬氏書儀 30

1762_7 邵

00~文莊公經史全書 1020
13（乾隆）~武府志 206
17~子湘全集　邵氏家錄 560

1768_2 歌

04~詩編　集外詩 446

1771_0 乙

77~巳占 326

1771_7 己

10（乾隆）~酉科各省拔貢齒錄 123
22~山先生文集　別集 582
64~畦集　詩集　殘餘 562

17801 翼

43（乾隆）~城縣志 157

巺

72~隱程先生詩集 文集 498

18137 玲

11~瓏山館叢刻 985

18140 致

90~堂先生崇正辯 283

18334 憨

22~山大師夢遊全集 539

18404 婺

31（乾隆）~源縣志 202

50~書 115

18632 磁

32（康熙）~州志 146

18651 群

21~僊慶壽蟠桃會 新編瑤池會八仙慶壽 759

44~芝紀瑞圖 339

50（合訂正續註釋）~書備考原本 386

~書疑辨 358

~書考索古今事文玉屑 387

18740 改

00~亭文集 詩集 557

19180 耿

72~氏藏書目 262

2

20104 垂

24~休錄 117

重

12（順治丁酉）~刊西鎮志 167

28（乾隆）~修靈寶縣志 217

（雍正）~修嵐縣志 153

（乾隆）~修和順縣志 151

（康熙）~修宜興縣志 182

（康熙）~修富陽縣志 187

（乾隆）~修洛陽縣志 217

（咸豐）~修滄州志稿 143

（雍正）~修太原縣志 148

（乾隆）~修臺灣府志 209

（康熙）~修蒲臺縣志 170

（同治）~修英山縣志 219

（乾隆）~修肅州新志 167

（康熙）~修曲江縣志 225

（雍正）~修陝西乾州志 162

（乾隆）~修鎮平縣志 226

（萬曆）~修鎮江府志 181

（康熙）~纂靖遠衛志 165

20214 住

84~鎮江府夾山竹林寺乾彰禪師語錄 410

20227 喬

72~阪先生遺詩 605

~氏易俟 圖 17

秀

12~水汪氏二先生集 706
（康熙）~水縣志 188
66~嚴集 546

爲

10~可堂初集 551
80~善陰騭 367

2023₂ 依

27~歸草 562

2024₇ 愛

60~日堂文集 墓誌銘 553
~日精廬藏書志 262

2026₁ 信

76（乾隆）~陽州志 216

2040₀ 千

00~文六書統要 篆法偏旁
正譌歌 60
40（新鋟）~古一覽 270
77~叟宴詩 691

2040₇ 受

30~宜堂駐淮集 572
34~祺堂詩 564

季

34~漢書 81

雙

10~雲堂文稿 詩稿 行述 570
32~溪文集 478
~溪集 478
35~清閣詩稿 573
46~槐歲抄 364
70~壁記 764

2041₄ 雞

36（乾隆）~澤縣志 145

2042₇ 禹

10~貢譜 21
~貢匯疏 圖經 考略
別錄 21
~貢錐指 圖 21
~貢鄭注釋 22
32（乾隆）~州志 215

2043₀ 奚

50~囊寸錦 569

2060₄ 看

22~山閣樂府雷峰塔 763

2060₉ 香

00~亭文稿 續編 599
10~雪巢三家詩 698
~雪堂詩 575
20~乘 345
27~魚山房詩 572
31（康熙）~河縣志 140
44~草齋詩註 599
~草居集 561
66~嚴齋詩集 548
67~墅漫鈔 續 又續 360
74~髓閣小令 765
77~屑集 579
80~谷集 561

番

20~禺梁文忠公日記眞蹟 121

20714 毛

04~詩稽古編 23
~詩古音攷　讀詩拙言 64
~詩日箋 23

20904 采

44~芳隨筆 347
~菽堂古詩選　補遺 655
77~風類記 239

集

20~千家註杜工部詩集　文集 439
~千家註批點杜工部詩集　年譜 440
21~虛齋學古文　離騷經解略 576
40~古評釋西山眞先生文章正宗 663
~古印藪 267

21086 順

00（康熙）~慶府志 234
（康熙）~慶府志增續 234
10（萬曆）~天府志 132
24（萬曆）~德府志 146
（乾隆）~德府志 146
30（乾隆）~寧府志 236

21100 上

08~諭内閣 104
21（康熙）~虞縣志 192
35~清靈寶濟度大成金書 423
37~湖遺集 1046
38（乾隆）~海縣志 133
44（康熙）~蔡縣志 216
60（道光）~思州志 230

21100 止

00~齋先生文集　附錄 478

21210 仁

22~山金先生文集　附錄 485
24（嘉慶）~化縣志 225
26（康熙）~和縣志 187
43~獄類編 300

21211 能

18~改齋漫錄 351

21212 僊

38（乾隆）~遊縣志 207
77~屏書屋初集詩錄　後錄 607

21217 盧

01（順治）~龍縣志 139
10~一松先生遺言 289

虎

32~溪漁叟集 548
50（新編）~蝎鏡全傳　賜笏樓全傳 766
72~丘山志 241

甂

21~甂洞稾 522

虛

00~齋蔡先生文集 505
26~白亭詩鈔 606
~白齋詩集 582
40~直堂集 560

2122_0 何

00~文定公文集 508
12~水部集 433
40~大復先生集 508
72~氏語林 362
~氏芝園集 居廬集 532
（新刻）~氏類鎔 386

2122_1 行

12~水金鑑 246
30~宮座落圖說 揚州名勝圖說 江南名勝圖說 249
77~間日記 119

衍

00~慶錄 117

衛

00~廬精舍藏稿 續稿 522
12（乾隆）~水縣志 143
27~岎子蠡測 354
72~岳志 243
77~門集 653
~門晤語 112

衞

25（新鐫）~生眞訣 315
~生易簡方 附錄 315
44（乾隆）~藏圖識 238

2122_7 儒

00~言類編 諸儒姓氏 294
10~函數類 388
30~宗理要 291
44~林外史 726

2123_4 虞

24~德園先生集 531
37~初新志 375
~初志 375
44~世南集 433

2124_6 便

55~農占鏡 301

2128_6 頻

60~羅庵遺集 594
76~陽集 701

2133_1 熊

27~勿軒先生文集 易學啓蒙通義圖傳 春秋五論 484

2140_6 卓

10~吾先生批評龍谿王先生語錄鈔 289
72~氏藻林 385

2155_0 拜

21~經樓詩集續編 再續編 萬花漁唱 604
~經樓叢書 961

2160_1 皆

11~非集 一枝軒吟草 527

2172_7 師

80~善堂詩集 576

2180_1 眞

00~意堂叢書 969
04~誥 422

15~珠船 42
30（順治）~定縣志 136
40~志堂詩集 568

2180₆ 貞

46~觀政要 101
80~翁淨稿 附錄 507

2190₃ 紫

44~藤書屋叢刻 962
46~柏老人集 538

2190₄ 柴

60~四隱詩集 詩餘 文類 484
72~氏古韻通 66

2191₀ 紅

10~雪詞甲集 乙集 742
~雪樓九種曲 762
~雨樓題跋 261
44~蘭春雨詞 742
45~樓夢 727
~樓夢傳奇 763
~樓夢美人白花酒籌詩 343

2191₀ 秕

00~言 358

2191₁ 經

02~訓堂叢書 966
08（方望溪先生）~說四種 52
11~玩 49
13~武淵源内編 外編 295
25（石齋先生）~傳 48
30~濟類編 385
~進文稾 567
38（御錄）~海一滴 408
44~世導源錄 255
（文公先生）~世大訓 284
50~史序錄 670
~史辨體 370
（重修政和）~史證類備用本草 308
（重刊）~史證類大全本草 308
（御覽）~史講義 294
（新編）~史正音切韻指南 等韻指掌圖 63
（全謝山先生）~史問答 359
~書後語 369
55~典釋文 46
80~義齋集 557
~義考 262
~義考補正 262
87~鉏堂襍志 351
88~籍跋文 262

2210₈ 豐

37（康熙）~潤縣志 140
62（乾隆）~縣志 186

2220₇ 岑

40~嘉州集 439

2221₄ 任

00~彥升集 433

崖

32（乾隆）~州志 231

2222₁ 鼎

28（康熙）~修霍州志 159

2223₀ 觚

79～臏　續　354

22247　後

22～出阿彌陀佛偈經　397
～山居士詩集　逸詩　詩餘　473
34～漢書　80
～漢書補逸　81
～漢書年表　80
40（新編批評繡像）～七國樂田演義　721
44～村雜著　581
～村詩集　吳越游草　581

22264　循

50～夫先生集　518

22270　仙

21～眞圖釋　423
42～機水法　附妥先約矩　329
～機武庫　論奕名言　343
77（康熙）～居縣志　193

22386　嶺

38～海拾遺　364
40～南詩集　598
～南三大家詩選　704
～南集　590

22413　巍

22～巍不動太山深根結果寶卷　768

22653　畿

53～輔高僧錄　416
（康熙）～輔通志　135
（雍正）～輔通志　136

22711　崑

22（乾隆）～山新陽合志　179
（萬曆）～山縣志　179

22770　山

10（嘉靖）～西通志　147
（康熙）～西通志　147
（雍正）～西通志　147
（康熙）～西直隸沁州志　156
27～舟先生手錄韻典　394
38～海經　373
～海經廣注　圖　373
～海經釋義　圖　373
（康熙）～海關誌　139
40～左明詩鈔　700
～木居士文集　外集　601
～木居士外集　601
44～帶閣註楚辭　餘論　說韻　429
～帶閣集　519
50～中白雲詞　樂府指迷　附錄　741
（嘉靖）～東通志　168
（康熙）～東通志　168
～東鹽法續增備考　257
～東全河備考　247
64～曉閣選古文全集　明文全集　重訂昭明文選　670
72（乾隆）～陽縣志　184
77～居日記　輿圖考略　354
78～陰道上集　（一名越中耆舊詩）　702
（崇禎）～陰縣志　（山西）　149
（康熙）～陰縣志　（浙江）　192

90～堂先生群書考索前集　後集　續集　別集　380
～堂肆考　386

2290₀　利

35（康熙）～津縣新誌　170
（乾隆）～津縣志補　170

2290₁　崇

22（道光）～川咫聞錄　184
24～德堂藁　580
30（雍正）～安縣志　206
44～蘭館集　517
46～相集　存素詩稿　534
50～本山堂文集　584
67（乾隆）～明縣志　134

2290₄　梨

10～雲館類定袁中郎全集　533

樂

00（乾隆）～亭縣志　140
～府詩集　654
21～經元義　31
60～園文集　詩集　578
80～善堂全集定本　588

2291₄　種

31～福堂公選良方兼刻古吳名醫精論　319

2294₇　稱

04～讚淨土佛攝受經　397

2297₇　稻

00～齋集詩鈔　595

2300₀　卜

16～硯山房詩鈔　後集　586
34～法詳考　327

2320₀　外

24～科大成　320

2320₂　參

33～補符應經　328

2322₇　徧

21～行堂續集　551

2324₂　傳

28～徵君霜紅龕詩抄　附錄　吳徵君蓮洋詩抄　547
～徵君霜紅龕詩鈔　冰燈詩　附録　547
50～忠肅公文集　474

2355₀　我

34～法集　596

2360₀　台

32～州金石錄　266

2377₂　岱

30～宗藏稿　538
50～史　242

2380₆　貸

60～園叢書初集　965

2390₀　秘

25～傳水龍經　327
～傳花鏡　圖　346

~傳推拏妙訣 秘傳推拏妙訣補遺 320

2392$_7$ 編

15~珠 續 375

2396$_1$ 稽

40~古集 575
~古日鈔 52

2420$_0$ 射

21~經 附錄 297
44~藝詳說 297

斛

22~山楊先生遺稿 515

2421$_0$ 壯

98~悔堂文集 遺稿 四憶堂詩集 遺稿 551

2421$_1$ 先

16~聖大訓 284
~醒齋筆記 附炮炙大法用藥凡例 316
17~君子忠正公年譜 118
21~儒正修錄 293
50~秦兩漢鴻文 666

2421$_7$ 仇

22~山村遺集 附錄 487

2422$_1$ 倚

47~聲初集 前編 745

2423$_1$ 德

00~音堂琴譜 341
24（乾隆）~化縣志 207
30（康熙）~安安陸郡縣志 218
（乾隆）~安縣志 201
~實信禪師語錄 411
32（乾隆）~州新志考誤 169
~州田氏叢書 1016
35（康熙）~清縣誌 190
44~蔭堂集 577
46~楞泰奏稿 108

2424$_1$ 待

35~清書屋雜鈔 初編 續編 再續 補編 附錄 拾遺 992

2425$_6$ 偉

15~珠淵禪師語錄 410

2426$_1$ 借

22~山亭前集 續集 來青軒文選 詩選 見南江閣詩選 文選 退樂軒詩選 大業堂尺牘 521

2429$_0$ 休

30~寧戴氏族譜 122
（康熙）~寧縣志 200
60~邑黃氏思本圖 122

2440$_0$ 升

44~菴先生文集 510

2441$_2$ 勉

21~行堂詩集 文集 601

2451$_0$ 牡

77~丹亭還魂記 758

2472_7　幼

77~學堂詩稿　文稿　607

2480_6　贊

26（乾隆）~皇縣志　137

2491_7　秇

44~林伐山　357

2492_7　納

50~書楹曲譜正集　續集　外集　補遺　納書楹四夢全譜　775

2495_6　緯

44~蕭草堂詩　576
67~略　356

2497_0　紺

10~雪堂集　附本傳　行略　537
30~寒亭詩集　文集　571

2498_6　續

00（欽定）~文獻通考　254
02~刻楊復所家藏文集　530
03~識資諳　777
12（乾隆）~登州府志　172
17~甬上耆舊詩　702
22（新刻分類評釋）~艸堂詩餘　744
23（乾隆）~編路南州志　235
26~吳錄　115
28（乾隆）~修臺灣府志　209
（萬曆）~修嚴州府志　187
30（康熙）~安丘縣志　171
~宋編年資治通鑑　92
37（欽定）~通志　78
（欽定）~通典　253
~資治通鑑綱目　88
40（順治）~太谷縣志　152
44~藏書（李贄）　78
~藏書（李載贄）　78
~英烈傳　724
47（萬曆）~朝邑縣志　162
48（乾隆）~增靖遠縣志　165
52（康熙）~靜樂縣志　150

2511_4　甡

44~葊見聞用法彙要　319

2520_0　仲

44~蔚先生集　附錄　526

2520_7　律

21~呂正義　續編　31
71（御製）~曆淵源　324

2522_7　佛

08~說高王觀世音經　416
~說西祖單傳明眞顯性寶卷　772
~說弘陽慈悲明心救苦寶懺　771
~說盂蘭盆經　395
~說皇極收圓寶卷　773
~說解節經　396
~說般泥洹經　405
~說寶智經　412
~說梁皇寶卷　772
~說達摩直指正宗行覺寶卷　774
~說大方廣十輪經　400
~說大乘百福莊嚴相經　404

~說大乘聖無量壽如來陀羅尼經 413
~說大自在天子因地經　佛說寶生陀羅尼經　佛說十號經　佛說大堅固婆羅門緣起經 395
~說大藏地獄救度離苦生天寶卷 771
~說大阿彌陀經 397
~說觀無量壽佛經 397
~說觀無量壽佛經 416
~說如如老祖寶卷 773
~說四十二章經 395
~說阿彌陀經 397
~說阿彌陀經疏鈔 408
~說阿羅漢具德經　佛說尊那經 395
~說長壽滅罪護諸童子陀羅尼經 413
~說金輪佛頂大威德熾盛光如來陀羅尼經 416
11~頂心陀羅尼經 416
35~遺教經約註 414
37~祖統紀 411
60~日普照慧辯楚石禪師語錄 409
~果圜悟禪師聲節雪竇顯和尚拈古語要 409

2524₃ 傳

21~經堂詩鈔 600
33~演毘尼儀範 415
~演毘尼儀範別集 415

2532₇ 鯖

88~餘集　續集 581

2590₀ 朱

00~文端公藏書 1040
~文懿公文集 528
~文公校昌黎先生文集　外集　遺文 447
17~子文集大全類編 477
~子文鈔　詩鈔 477
~子語類 284
（朱止泉先生）~子聖學考畧　提要　正訛 293
~子經濟文衡類編前集　後集　續集 284
~子家禮　四禮初稿　四禮約言 30
~子遺書 1018
（淵鑒齋御纂）~子全書 283
~子年譜 118
30~密所先生密林漫稿 532
47~楓林集 492
87~飲山千金譜　三韻易知 717
90~少師奏疏鈔 106

2591₇ 純

26~白齋類稿 489

2592₇ 繡

21~虎軒尺牘　二集　三集 566
77~閒集 583
88~餘近草 606

2598₆ 績

32（乾隆）~溪縣志 200
（嘉慶）~溪縣志 200

2599₀ 秣

74~陵春傳奇 760

2599₆ 練

32~溪集 附墓誌銘 513

2600₀ 白

00~衣觀音五印心陀羅尼經 416
10~雪齋選訂樂府吳騷合編衡曲麈譚 764
~雪樓詩集 519
~石詩集 詞集 諸家評論 481
~石樵眞稿 539
~雲詩集 詠梅詩 587
12（乾隆）~水縣志 163
（唐宋）~孔六帖 376
20~香山詩長慶集 後集別集 補遺 年譜 454
21~虎通德論 349
32~洲詩集 503
35~漊集 568
39~沙子全集 附錄 500
~沙子全集 古詩教解 501
~沙先生詩教解 500
40~耷山人詩 文集 546
44~蘇齋類集 532
~華樓藏稿 續稿 吟稿 518
~華前稿 600
48~榆集 530
60~田草堂存藁 附錄 579
72~氏文集 453
~氏策林 454
80~谷山人詩鈔 538

自

44~菴書稿 603
48~警編 附宋名臣錄 367

2602₇ 粵

77~閩巡視紀略 紀彭湖臺灣閩粵圖 240

2610₄ 皇

30~宋十朝綱要 93
35~清文穎 693
~清詩選 690
~清奏議 105
41~極經世書 觀物外篇 325
~極金丹九蓮正信皈眞還鄉寶卷 769
~極篇 1023
47~朝府廳州縣全圖 132
~朝文獻通考 255
~朝詞林典故 252
~朝禮器圖式 257
~朝通典 255
67~明文選 687
~明詩統 685
~明詩選 685
~明三儒言行要錄 288
~明百家文範 687
~明經濟文輯 688
~明經世文編 補遺 姓氏爵里 685
~明從信錄 93
~明泳化類編 續編 255
~明通紀法傳全錄 皇明法傳錄嘉隆紀 續紀三朝法傳全錄 93
~明資治通紀 93
~明十六名家小品 646
~明嘉隆兩朝聞見記 94
~明世法錄 255
~明翰閣文宗 687

~明史惺堂先生遺稾　書經補說　年譜　蕩澹人僅存稿　附錄 522
~明書 84
~明四夷考 130
~明異姓諸侯傳 113
~明風雅　詩人名氏 684
~明館課標奇 689
77~輿表 131
~輿全圖 131
（欽定）~輿全覽 131

2621_0 但

68~吟草　恭紀詩 555

2621_3 鬼

80~谷子　篇目考　附錄 347

2624_8 儼

22~山外集 1022

2629_4 保

24（康熙）~德州志 151
25~積堂詩稿　雜著 593
30（咸豐）~安縣志 164
（康熙）~定府志 140
40~赤金鑑 321
62（乾隆）~縣志 234
66~嬰撮要　續集 321

2631_1 鯤

37~溟先生詩集　奏疏 523

2633_0 息

00~齋集　疏草 544
38~游堂詩集　谷園詩集續集 568

2641_3 魏

40~塘詩陳 701
50~書 83

2643_0 吳

04~詩集覽　補注　談藪談藪拾遺 547
11~非熊詩 539
20~白花鳥草虫册 338
27~船書屋詩　雲根清壑山房詩 574
31~江水考 248
~江沈氏詩集 706
（嘉靖）~江縣志 180
（康熙）~江縣志 180
32~淵穎先生集 488
38~瀹齋詩稿 607
43~式芬臨銘文 266
~越春秋 100
44~菘圃先生奏疏 108
47~朝請集 433
~都文粹 696
50~中水利全書 248
~中女士詩鈔 697
~中開江書 247
62（崇禎）~縣志 178
（乾隆）~縣志 178
72~氏醫學述第四種成方切用　附總義 318
77~風 695
~醫彙講 319
~興遊草　梅谷續稾 603
~興閔氏兩尚書詩集 708
87~歈萃雅 774
88~竹坡先生文集　詩集附載 499

2671₀ 峴

26～泉集 497

2690₀ 和

05～靖尹先生文集　附錄 475
21（康熙）～順縣志 151
22～樂堂詩鈔 607

2691₄ 程

40～志 288
72～氏演繁露　續 356
～氏墨苑　人文爵里 344
～氏人物志 121

2692₂ 穆

10～天子傳 373
23～參軍集　遺事 458
90～堂初稾 577

2692₇ 綿

35～津山人詩集　楓香詞　漫堂說詩　筠廊偶筆　怪石贊　雪堂墨品　緯蕭草堂詩 559
88（康熙）～竹縣志 232

2693₀ 總

20～集十三經註疏略 49

2694₀ 稗

38～海　續 897

2694₁ 緝

00～齋詩稿　文集　附錄 590

繹

50～史 96

釋

36～迦如來應化事蹟 415

2694₇ 稷

22（乾隆）～山縣志 160

2710₇ 盤

22～山志　補遺 242

2711₇ 龜

22～山先生語錄 283
24～山先生全集 474

2712₇ 歸

10（重梓）～元直指集 414
～震川先生尺牘 525
～震川先生全稿 525
24～先生文集　附錄 524
40～有園稿詩編　文編 521

2713₂ 黎

76～陽王襄敏公集　年譜 501

2713₆ 蠡

62（康熙）～縣續志 141
（崇禎）～縣志　續志 141

2720₀ 夕

76～陽書屋詩初編 585

2721₀ 佩

00～文齋廣群芳譜 346
～文齋詠物詩選 660
～文齋書畫譜 338
～文韻府　拾遺 391

22~觽 57
40~韋齋文集 輯聞 485

徂

24~徠石先生全集 附錄 459

2721₂ 危

77~學士全集 494

2721₇ 倪

10~雲林先生詩集 附錄 490

2722₀ 御

22~製文二集 目錄 589
~製文初集 606
~製文初集 目錄 588
~製詩集 二集 三集 569
~製詩初集 目錄 588
~製詩餘集 目錄 文三集 文餘集 588
~製二十八經 399
~製樂善堂集 588
~製避暑山莊詩 589
~製擬白居易新樂府 589
~製圓明園詩 589
~製全韻詩（清高宗弘曆） 589
~製全韻詩（清仁宗顒琰） 606
30~定歷代題畫詩類 661
~定歷代賦彙 外集 逸句 補遺 662
~定全唐詩錄 678
37~選唐詩 677
~選唐宋文醇 詩醇 669
~選唐宋詩醇 661
~選宋金元明四朝詩 姓氏爵里 659
~選歷代詩餘 745
61~題聯額江南名勝圖 250
78~覽孤山志 御覽蘭亭志 244

仰

22~山堂遺集 596

2722₇ 鄉

90~黨圖考 40

2723₂ 像

89~鈔 16

象

22~山先生全集 附錄少湖徐先生學則辨 478
（乾隆）~山縣志 191
48~教皮編 414

2723₄ 侯

25~鯖集 680

2724₀ 將

22（乾隆）~樂縣志 209

2724₇ 假

44~庵雜著 354

2725₂ 解

00~文毅公集 附錄 497
32（康熙）~州志 159
44~莊 420

2725₇ 伊

22~川擊壤集 462

2726₂ 貂

19~璫史鑑 110

2731₂ 鮑

72～氏觀古閣未刊十種稿 711
～氏國策 99

2732₇ 烏

26（乾隆）～程縣志 190

鳥

77～鼠山人小集 後集 近取編 愿學編 擬漢樂府 可泉擬涯翁擬古樂府 雍音 唐雅 509

鴛

50～鴦湖櫂歌 續 693

2733₆ 魚

12～水緣傳奇 763
40（乾隆）～臺縣志 175
88～籃記 760

2742₇ 鄒

04（萬曆）～誌 175
10（康熙）～平縣志 170
40～南皐集選 530
50～東廓先生文選 511

2744₇ 般

44～若波羅密多心經直解 402

2748₁ 疑

43～獄集 299

2752₀ 物

91（東坡先生）～類相感志 365

2760₀ 名

00（新鐫重訂增補）～文珠璣 666
22～山藏 84
～山勝槩記 240
30～家詩永 686
～家詞鈔初集 甲集 737
34～法指掌增訂 259
42～媛詩歸 658
50～畫錄 335
65～蹟錄 266
71（新刊）～臣碑傳琬琰之集 113
77～醫類案 317

2760₁ 響

22～山詞 742

2760₃ 魯

00～齋遺書 487
04～詩世學 24
11（新鐫工師雕斲正式）～班木經匠家鏡 附靈驅解法洞明眞言秘書 259
22（乾隆）～山縣全志 215
80～公文集 436

2762₇ 鄙

76～陽五先生詩 703

2772₀ 勾

31～江詩緒 710

2773₂ 餐

79～勝齋詩稿 605

2774_7 岷

32（康熙）~州志 166

2780_9 炙

16~硯詞 742
~硯瑣談 355

2790_4 彙

37~選筮吉指南 328
88~纂詩法度鍼 718

2791_7 紀

87~錄彙編 885

絶

27~句辨體 656
49~妙好詞 745
~妙好詞箋 746

2792_0 網

22~山集 478

綱

88（精訂）~鑑廿一史通俗衍義 720

2793_2 綠

24~牡丹 758
38~滋館藳 533
44~蘿山莊文集 580

2793_3 終

40~南仙境志 243

2793_4 緱

22~山先生集 534

2795_4 絳

62（乾隆）~縣志 160
64~跗閣詩稿 583

2796_2 紹

77（康熙）~興府志 191

2796_4 絡

24~緯吟 539

2810_0 以

00~六正五之齋琴學秘譜 342
80~介編 691

2821_1 作

60~邑自箴 253

2822_2 修

13（乾隆）~武縣志 212
17~習止觀坐禪法要　止觀義例 396
21（光緒）~仁縣志 229
32~業堂初集文鈔 608
40~吉堂文稿　道貴堂類稿殘瀋 563

2822_7 傷

30~寒卒病論 312
~寒證治準繩 311
~寒論三註 312
~寒論註　附翼　論翼 312
~寒論條辨 311
~寒大白　總論 312
（校刻）~寒圖歌活人指掌 311
~寒分經 312

2824_0 攸

62（乾隆）~縣志 222

微

34~波榭叢書 962

徵

17~君孫先生年譜 119

徽

32（嘉靖）~州府志 199
（康熙）~州府志 199

2824_7 復

38~道人度曲 775
40~古編 校正 曾樂軒稿 附錄 安陸集 57

2825_1 牂

11~珂集 576

2825_3 儀

21（康熙）~眞志 183
35~禮 26
~禮經注疏正譌 27
~禮蠡測 27
~禮喪服表 27
（重刊）~禮考註 26
44（康熙）~封縣志 211

2828_1 從

24~先維俗議 353
30~之念禪師語錄 410

2829_4 徐

00~文靖公謙齋文錄 501
~文長文集 四聲猿 526
（刻）~文長先生秘集 368
~文長逸稿 畸譜 526
20~位山六種 1040
32（萬曆）~州志 185
（順治）~州志 185
（康熙）~州志 185
（乾隆）~州志 185
35（康熙）~溝縣志 148
72（新鍥太醫院參訂）~氏鍼灸大全 322

2846_8 谿

60~田文集 補遺 511

2854_0 牧

00~齋詩稿 544
~齋初學集 543
~齋初學集詩注 有學集詩註 543
~齋有學集 543
~齋有學集補遺 544
10~雲和尚嬾齋別集 545

2874_0 收

44~燕調館宋元詞會 746

2896_6 繪

17~孟 40

2921_2 倦

60~圃曹先生尺牘 549

2922_7 倘

37~湖樵書初編 370

2998_0 秋

12~水集 558
~水菴花影集 764
~水閣墨副　己酉科河南武試錄 535
20~舫詩鈔 607
60~旻集　二刻　續刻 537
79~塍文鈔 580
86~錦山房詩集 560

3

3010₁　空

77~同詩鈔　附錄 506
~同子集　附錄 506
~同先生集 506

3010₆　宣

22（乾隆）~化府志 137
（康熙）~化縣志 137
26（至大重修）~和博古圖錄 264
（泊如齋重修）~和博古圖錄 265

3010₇　宜

00（嘉慶）~章縣志 222
22（乾隆）~川縣志 164
76（康熙）~陽縣志 217

3011₄　注

26~釋九子全書　續 275
~釋古周禮　考工記 25
44~華嚴法界觀門 407

淮

30（康熙）~安府志 184
（乾隆）~安府志 184
38~海集　後集　長短句 473
40~南鴻烈解 348

潼

22（乾隆）~川府志 232

3011₇　瀛

40~奎律髓 656

3012₃　濟

21（新鐫）~顛大師醉菩提全傳 728
30（乾隆）~寧直隸州志 175
40~南百詠 536
79~勝一覽 239
80~美錄 121
~美堂集 523

3012₇　沛

62（乾隆）~縣志 186

3013₂　濠

33~梁樂趣畫册 339

3013₇　濂

32~溪周元公全集　歷代褒崇禮製　事實　年表 463
~洛風雅 659

3014₆　漳

10（康熙）~平縣誌 208
33（康熙）~浦縣志 208

3014_7 淳

24~化秘閣法帖考正 334
~化閣帖釋文 334

渡

38~海輿記 附裒海編 251

3020_1 寧

10（乾隆）~夏府志 167
24（乾隆）~德縣志 206
27（康熙）~鄉縣志 154
31（乾隆）~河縣志 135
32（乾隆）~州志 201
37~澹齋全集 535
38（康熙）~海州志 173
60（康熙）~國府志 198

3020_2 寥

00~廊集 574

3020_7 穹

30~窿山志 241

3021_1 完

10~玉堂詩集 574
62（雍正）~縣志 142

3021_2 宛

20~舫居文集 586
74~陵先生文集 462
~陵先生集 拾遺 附錄 462

3021_4 寇

50~忠愍公詩集 附碑文 457

3022_7 房

22（康熙）~山縣志 132

3023_2 永

10（萬曆）~平府志 139
（乾隆）~平府志 139
11（乾隆）~北府志 236
21（乾隆）~順府志 224
26（康熙）~和縣志 158
30（康熙）~寧州誌 153
（道光）~寧縣志 （江西） 204
（乾隆）~寧縣志 （河南） 218
（道光）~定縣志 208
31（乾隆）~福縣志 207
40~嘉眞覺大師證道歌 407
50（乾隆）~春州志 207
67（道光）~明縣志 223
80（康熙）~年縣志 145
（乾隆）~年縣志 145

3030_1 進

77（道光）~賢縣志 203

3030_3 寒

40~支初集 二集 546
44~村詩文集 570

3033_6 憲

40~臺通紀 254

3034_2 守

21~經堂詩集 608
44~坡居士詩集 602
52~拙軒未定草 609

3040_1 宰

46~相守令合亩 110

3040_4 安

00（康熙）~慶府宿松縣志 196
（康熙）~慶府志 195
10（萬曆）~平縣志 144
（康熙）~平縣志 144
21（道光）~仁縣志 202
22~鼎名臣 116
30（康熙）~定縣志 165
31（乾隆）~福縣志 204
32~溪先生註解正蒙 283
~溪李文貞公解義 1032
（乾隆）~溪縣志 207
40~南國王黎維祹奏表 108
60（康熙）~邑縣志 160
70~雅堂未刻稿 入蜀集 553
72（萬曆）~丘縣志 171
~隱五嶽禪師語錄 410
76~陽集 忠獻韓魏王家傳 遺事 別錄 458
（康熙）~陽縣志 213

3040_7 字

27~彙 59
77~學大成 334

3042_7 寓

44~林集 詩 534
50~惠錄 傳 附錄 471

3060_4 客

43~越志 251

3060_6 宮

50（欽定）~中現行則例 256

富

10（萬曆）~平縣志 162
21（道光）~順縣志 233

3060_8 容

00~齋隨筆 續筆 三筆 四筆 350

3062_1 寄

44~菴詩集 543

3073_2 寰

30~宇通志 129

3077_2 密

10（雍正）~雲縣志 132

3077_7 官

17~子譜 343

3080_1 定

00（雍正）~襄縣志 150
22~山先生集 附錄 503
~山堂詩集 詩餘 548
32（雍正）~州志 141
38（嘉靖）~海縣志 191
（康熙）~海縣志 191
40（乾隆）~南廳志 205
51~軒詩鈔 602
77（乾隆）~興縣志 141

3080_6 實

18~政錄 253

寶

00~章待訪錄 閱書帖記

海嶽明言　硯史　遺文　333
22（嘉慶）~豐縣志　215
~制堂錄　528
（乾隆）~山縣志　134
42（康熙）~坻縣志　135
（乾隆）~坻縣志　135
80~命眞銓　310

竇

72~氏聯珠集　710

賓

37~退錄　351

3090₁　宗

11（新定）~北歸音　774
17~子相集　521
26~伯集　530
（欽定）~人府則例　255
80（御錄）~鏡大綱　415
~鏡錄　407
88~鑑法林　415

3090₄　宋

00~文文山先生全集　483
（重刊）~文憲公集　潛溪燕書　492
~文鑑　682
02~端明殿學士蔡忠惠公文集　蔡端明別紀　459
04~詩　681
~詩紀事　717
~詩略　682
~詩鈔初集　638
37（會通館校正）~諸臣奏議　104
10~王黄州小畜集　458
~王忠文公文集　附年譜　478
~元通鑑　90
~百家詩存　681
17~丞相文山先生全集　483
~丞相文山先生別集　483
~丞相李忠定公奏議　附錄　105
~丞相李忠定公別集　474
26~稗類鈔　393
27~魯齋王文憲公遺集　附宋史儒林傳　484
~名家詞　735
30~宰輔編年錄　252
~宗伯徐清正公存稿　附錄　482
40~十五家詩選　645
~大家蘇文定公文鈔　467
~大家蘇文忠公文鈔　472
~大家蘇文公文鈔　466
~布衣文集　詩集　清平閣倡和詩　529
~李忠定公奏議選　文集選　474
44~黄文節公正集　外集　別集　黄青社先生伐檀集　472
47（校正重刊官板）~朝文鑑　682
50~史　83
~史新編　84
~史紀事本末　元史紀事本末　96
~書　82
60~四六叢珠彙選　380
~四六選　683
~四名家詩鈔　645
72~氏綿津詩鈔　559

77（新刊）~學士全集 492
~學士全集 附錄 492
80（舊鈔）~人詞 734
~金元詩永 補遺 659

3111₀ 江

00~文通集 附錄 432
10（雍正）~西通志 201
26~皐小築集 附稿 704
27~鄉偶話 609
30（康熙）~寧府志 177
32~州喬法周先生長龍集詩文 博學鴻詞文案 補遺 585
37~湖閒吟 586
40~左十五子詩選 696
~南經略 296
（康熙）~南通志 177
（乾隆）~南通志 177
44~村銷夏錄 332
47~聲草堂詩集 583
~都汪氏叢書 1017
（雍正）~都縣志 183
（乾隆）~都縣志 183
~都陳氏叢書 1017
74（乾隆）~陵縣志 220
78~陰黃氏家集 708
80~午波先生集 514

3111₁ 涇

32（乾隆）~州誌 166
62（乾隆）~縣志 198
76（乾隆）~陽縣志 162

3111₄ 汪

72~氏傳家集 706
85~鈍翁文鈔 555

漑

90~堂詩前集 後集 續集 文集 附詩餘 559

3111₆ 洹

07~詞 508

3111₇ 瀘

28（道光）~谿縣志 203

3112₀ 河

10~干詩鈔 601
22~嶽英靈集 673
32（康熙）~州誌 167
40（順治）~南通志 210
（乾隆）~套志 161
50~東先生集 外集 龍城錄 451
（敕修）~東鹽法志 257
70~防疏畧 107
~防志 247
77（康熙）~間府志 142
（乾隆）~間縣志 143

3112₂ 涉

31~江草 575

3112₇ 汚

62（康熙）~縣誌 164

馮

11~北湖先生鳴春集 526
38（坐隱先生精訂）~海浮山堂詞稿 764
56~損菴行述 117
77~用韞先生北海集 530

80~舍人遺詩　　　　　　　569
90~少墟集　　　　　　　　532

31140　汗

88~簡　　　　　　　　　　57

31146　潭

41~柘山岫雲寺志　　　　　250

31161　潛

14~確居類書　　　　　　　388
21~虛　潛虛發微論　周易
　　古占法　　　　　　　326
32~溪集　附錄　　　　　　493
44~菴先生遺稿　附志學會
　　約　　　　　　　　　554
　~菴先生年譜　　　　　　119
50~夫論　　　　　　　　　283
77~邱剳記　附左汾近稿　　358
　~學稿　　　　　　　　　525

31194　溧

12（乾隆）~水縣志　　　　181

31266　福

15（乾隆）~建通志　　　　205
32（乾隆）~州府志　　　　205
50~惠全書　　　　　　　　253

31286　顧

40~森書日記　　　　　　　120
72~氏畫譜　　　　　　　　336

31303　邃

60~園草　文集鈔　紀年彙　568

31304　迂

00~齋先生標註崇古文訣　663
　~齋學古編　　　　　　　593

31332　憑

22~山閣彙輯四六留青采珍
　　前集　　　　　　　　671
　~山閣增輯留青新集　　　672

31904　渠

00~亭山人半部稿　　　　　560

32100　測

38~海集　　　　　　　　　599

淵

70~雅堂全集　　　　　　　604
78~鑒類函　　　　　　　　391

32118　澄

16~碧齋詩鈔　別集　　　　591
78~鑒堂琴譜　附指法　　　341

32121　浙

31（康熙）~江通志　　　　186
　（嘉靖）~江通志　　　　186
90~省名勝景亭圖說　　　　249

沂

32（乾隆）~州府志　　　　173
　（康熙）~州志　　　　　173

32122　澎

37（光緒）~湖廳志　　　　210
　（乾隆）~湖志略　　　　210

32130　冰

10~玉堂綴逸薰　蘭舟漫稿　516

三一一二七－三二一三〇。馮（八〇－九〇）汗潭潛溧福顧邃迂憑渠測淵澄浙沂澎冰（一〇）

餘詞
22～川詩式　715

3213_4 濮
32（康熙）～州續志　213
　（康熙）～州志　213
　（乾隆）～州志　213

沃
50（萬曆）～史　157

溪
60～園詩稿　499

3214_7 叢
16～碧山房詩初集　二集　三集　四集　五集　文集　雜集　565
44～桂堂全集　527

浮
33（乾隆）～梁縣志　201

3215_7 淨
20～信堂初集　543

3216_3 淄
22（乾隆）～川縣志　168

3216_9 潘
38～黻廷先生日記　120
88～笠江先生集　514

3219_4 濼
32（光緒）～州志　140

3224_0 祇
27～役紀略　106

3230_2 近
38～道齋文集　詩集　附　579
60（分類經進）～思錄集解　284
90～光集　660

3230_9 遜
40～志齋集　附錄　498

3300_0 心
00（重鐫）～齋王先生全集　513
　～齋十種　1047
18～政錄奏疏　檄示　108
50～史　485

3310_0 沁
12（康熙）～水縣志　156

3311_1 浣
50～青詩草　題詞　603

3311_7 滬
21～上從戎日記　120

3316_0 治
10～平勝算全書　297
31～河全書　247

3319_4 沭
76（康熙）～陽縣志　184

3320_0 祕
77～册彙函　912

3322_7 補
12～瓢存稿　595

34~漢兵志　258
55~農書　301
80~盦筆記　364

3324₇ 衻

60~園集文　詩　詞　552

3330₉ 述

07~記　371
44~菴詩鈔　594
50~本堂詩集　704
77~學內篇　外篇　補遺
　　　別錄　605

3390₄ 梁

13~武帝集　梁簡文帝集　432
22~山舟集註詩篇冊　594
50~書　82
67~昭明文選　651
　　~昭明太子文集　432

3400₀ 斗

40~南老人詩集　497

3410₀ 對

88~策　綴文　607

3411₁ 湛

23~然居士文集　486
60~園未定藁　573

洗

33~心齋昌言集　293

3411₂ 沈

27~歸愚詩文全集　592
37~朗仲先生病機彙論　312

40~南疑先生橋李詩繫　701
44~華陽傳　附蜀難敘略　117
72~氏弋說　354
　　~氏學弢　368

池

11~北偶談　354
32（康熙）~州府志　200
　（乾隆）~州府志　200
　　~州府歷朝沿革考　239

3411₄ 灌

43~术莊槀　605
44~蔬園詩集　文集　533
60~園餘事　悼往詩　問花
　　　樓遺稿　593
62（乾隆）~縣志　231
76（道光）~陽縣志　229

3412₁ 漪

60~園詩二集　566

3412₇ 滿

00~文熱河三十六景圖　250

瀟

16~碧堂集　533
36~湘聽雨錄　355

3413₁ 法

50~書要錄　332
60~界安立圖　414

3413₄ 漢

00（刻）~唐宋名臣錄　112
16~碑奇字考略　266
20~雟　127

三三三七—三四二三　補（三四一八〇）衻述梁斗對湛洗沈池灌漪滿瀟法漢（〇〇—二〇）

26~魏六朝二十一名家集 610
~魏六朝正史文選 668
~魏六朝百三名家集 611
~魏名文乘 616
~魏叢書 902
27~名臣言行錄 112
45~隸字源 碑目 附字 58
50~史億 270
~書 78
（鹿門先生批點）~書 80
~書評林 79
~書正譌 79
~書地理志補注 79
~書鈔 127
76（乾隆）~陽府志 218

3414_0 汝

30（康熙）~寧府志 216

3414_7 淩

28~谿先生集 507

3416_0 沽

21~上梅花詩社存稿 695
~上題襟集 691

3418_1 洪

13~武正韻 63
37（順治）~洞縣續志 158
（萬曆）~洞縣志 158
77~駒父老圃集 474
88~範正論 20
~範九疇數 325

3419_8 淶

12（乾隆）~水縣志 141

3430_4 達

00~摩多羅禪經 405
25~生編 320
46~觀樓集 543

3430_9 遼

32（雍正）~州志 151
50~史 84
（嘉靖）~東志 161

3510_6 沖

21~虛經采眞 356
28~谿先生集 521

3510_7 津

35~逮秘書 918
77~門雜事詩 596
~門詩鈔 695
~門聞見錄 103

3512_7 清

04~詩大雅 二集 692
10~五家詞 747
22（康熙）~豐縣志 214
26（乾隆）~泉縣志 223
28~修妙牋 起居安樂牋
燕閑清賞牋 424
~儀閣題跋 264
30~涼劍門禪師語錄 410
31~江碧嶂集 492
~江貝先生詩集 文集 495
~河書畫舫 331
（順治）~源縣志 148
32~溪文稿 詩草 炎州草
即墨節婦考 573
44（康熙）~苑縣志 140

46 ~ 娱閣吟稿 607
50 ~ 素堂詩集 602
60 ~ 異記 365
~ 異錄 名句文身表異錄 366
77 ~ 風草堂詩鈔 595
~ 闕閣全集 490

3520₆ 神

22（新刻黃掌綸先生評訂）
~ 仙鑑 728
42 ~ 機致理兵法心要 296

3521₈ 禮

07 ~ 記 釋文 考異 27
~ 記註疏 27
~ 記講錄 28
~ 記參訂 28
~ 記資斧 28
~ 記省度 28
（附釋文互註）~ 部韻略 61
22 ~ 山園全集 1038
37（南海先生）~ 運注稿 28
62（乾隆）~ 縣志 166
88 ~ 箋 29

3530₀ 連

10（雍正）~ 平州志 225
76（康熙）~ 陽八排風土記 225

3530₆ 迪

14 ~ 功集 談藝錄 508

3530₈ 遺

22 ~ 山先生新樂府 742
~ 山先生詩集 485

3610₀ 泗

12（順治）~ 水縣誌 175
32 ~ 州大聖明覺普照國師僧
伽傳 413

泊

44 ~ 菴集 498

湘

47 ~ 帆堂集 547
78（嘉慶）~ 陰縣志 221
88 ~ 管聯吟 續集 附錄
附藁 694

3611₁ 混

10 ~ 元弘陽佛如來無極飄高
祖臨凡經 769
~ 元弘陽明心寶懺 771

3611₇ 温

12 ~ 飛卿詩集 別集 集外
詩 456

3612₇ 湯

17 ~ 子遺書 年譜 附錄
輓詩 553
28（乾隆）~ 谿縣志 193
31 ~ 潛菴先生文集節要 554
78（乾隆）~ 陰縣志 214
80 ~ 義仍先生南柯夢記 759

渭

40 ~ 南文集 479

3614₁ 澤

32（雍正）~ 州府志 155
（康熙）~ 州志 155
40 ~ 存堂五種 53

36210 祝

50~由科 319

36256 禪

30~宗正脈 414
44~林僧寶傳 目錄 臨濟宗旨 補禪林僧寶傳 397
~林寶訓筆說 408
92~燈世譜 414

36300 迦

74~陵先生塡詞圖題詞 746

36302 邊

44~華泉集 集稿 506

36303 還

33~浦集 丁卯集 603

37112 氾

12（乾隆）~水縣志 211

37120 洞

44（欽定）~麓堂集 517

湖

00（康熙）~廣武昌府志 218
（康熙）~廣通志 218
22~山類稿 附錄 484
32（乾隆）~州府志 190
~州吳山端禪師語錄 409
38~海樓全集 564

37127 湧

40~幢小品 363

渦

76（同治）~陽縣志 197

滑

62（乾隆）~縣志 214
97~耀編 666

鴻

00~慶居士集 475
10~雪草 607
44~苞 353

37136 漁

22~山詩草 573
38~洋詩話 716
~洋山人詩問 716
~洋山人精華錄 556
~洋山人精華錄訓纂 補年譜 附錄 556
~洋山人精華錄箋注 補年譜 556
57~邨記 762
72~隱叢話前集 後集 714

37146 潯

32（乾隆）~州府志 230

37147 汲

37~冢周書 98

37156 渾

31（順治）~源州志 附恆嶽志 149

37161 澹

20~香樓詩草 詞草 603

37164 洛

76~陽伽藍記 250
77~學編 潛菴先生遺稿 志學會約 554

潞

30（順治）~安府志 154
43（康熙）~城縣志 156

37181 凝

20~香子山水册 339

37182 潄

44~芳居文鈔 二集 590

37194 深

32（康熙）~州志 144
36（雍正）~澤縣志 136

37220 初

00~唐四傑集 627
26~白菴詩評 詞綜偶評 717
31~潭集 368
49~栨草 599
77~學辨體 369
~學記 375

37227 祁

62（乾隆）~縣志 153

肎

38~綮錄 351

37301 逸

17~子書 279
24~德軒文集 文稿 閏一稿 567
60（新刻）~田叟女仙外史大奇書 725

37302 通

00~玄百問 青州百問 398
（新編評註）~玄先生張果星宗大全 327
10~天臺 臨春閣 753
28~俗編 393
（新鐫全像）~俗演義隋煬帝艷史 爵里姓氏圖 723
（四雪草堂重訂）~俗隋唐演義 圖 722
32（乾隆）~州志 （北京） 132
（康熙）~州志 （江蘇） 184
36（乾隆）~渭縣志 165
38（康熙）~海縣志 236
40~志 76
~志堂經解 5
70~雅 358
88~鑑總類 126
~鑑釋文辯誤 87
~鑑紀事本末 95

37303 退

17~尋草 557
44~菴鄧先生遺稿 499
80~谷文集 詩集 行述 577

37308 選

02~刻釣臺集 703
04~詩 詩人世次爵里 652
~詩補註 補遺 續編 651
63~賦 名人世次爵里 652
77~學膠言 補遺 652

3750₆ 軍

18~政備例 258

3772₇ 郎

31~潛集 534

3780₆ 資

18（御製）~政要覽 290
32（嘉慶）~州直隸州志 232
33~治通鑑 86
~治通鑑 通鑑釋文辨誤 86
（鼎鋟鍾伯敬訂正）~治綱鑑正史大全 皇明紀要 91
~治通鑑綱目 87
（文公先生）~治通鑑綱目 88
~治通鑑綱目 前編 正編 續 續編 88
~治通鑑綱目發明 88
~治通鑑綱目集覽 87
~治通鑑綱目全書 89
（御批）~治通鑑綱目全書 89
~治通鑑考異 86
（新刊翰林攷正綱目點音）~治通鑑節要會成 90
44~世通訓 286

3812₇ 汾

10（康熙）~西縣志 157
32（萬曆）~州府志 153
76（康熙）~陽縣志 154

3814₀ 澂

31（康熙）~江府志 236
60~景堂宦游小集 566

3814₁ 洴

30~澼百金方 297

3814₇ 游

10~西山詩 557
~西湖小紀 251
27~魚畫册 339
90~少石先生詩文集 511

3815₇ 海

10~石先生文集 侍御公奏疏 遺詩 516
17~珊詩鈔 補遺 明史雜詠 583
~瓊玉蟾先生文集 續文集 481
21~虞詩苑 698
22（康熙）~豐縣誌 170
~嶽山房存稿詩 文 別稿 附錄 527
~山存稿 591
23~岱人文册目 263
30（乾隆）~寧州志 189
（康熙）~寧縣志 189
40（新鐫）~內奇觀 241
60~愚詩鈔 601
72（新刻全像）~剛峰先生居官公案 720
77~叟詩集 集外詩 附錄 497
78（乾隆）~鹽縣續圖經 189
（天啓）~鹽縣圖經 189
87~錄碎事 378

3816₇ 滄

32（康熙）~州新志 143

37~溟先生文鈔 519
~溟先生集 519

3819$_{4}$ 滁

32（康熙）~州志 197

滌

34~襟樓遺懷集 1015

3825$_{1}$ 祥

88（順治）~符縣志 211

3826$_{8}$ 裕

32（乾隆）~州志 217

3830$_{3}$ 遂

10（順治）~平縣志 216
30（乾隆）~安縣志 187
37~初堂詩集 文集 別集 565
60（乾隆）~昌縣志 195
77~閒堂張氏詩草 附錄詩星閣筆記八則 707

3830$_{4}$ 遊

43~城南記 251

3830$_{6}$ 道

22~山紀略 244
~山清話 364
24~德經 老子考異 418
~德經解 418
~德寶章 418
32（康熙）~州志 223
40~古堂文集 詩集 589
50（新刊）~書全集文始眞經言外經旨 421
60~國元公濂溪周夫子志 116
~園學古錄 487
77~腴堂詩編 602
99~榮堂文集 滄州近詩 572

3850$_{4}$ 肇

08~論中吳集解 413

3860$_{4}$ 啓

31~禎野乘 115

3912$_{0}$ 沙

62（道光）~縣誌 208

3912$_{7}$ 消

77~閒四種 1048
~閒錄 371

3918$_{9}$ 淡

23~然軒集 530

4

4000$_{0}$ 十

00~六國春秋 100
10~三經註疏 3
（重刻）~三經註疏附考證 5
22~峯集 573
40~七史詳節 124
（王先生）~七史蒙求 376
60~國春秋 101
80~八羅漢册 339
~鐘山房印舉 268
88~笏齋詩 595

4001₁ 左

25~傳條序 33
~傳事緯 字釋 左丘明小傳 34
~傳分國紀事本末 96
27~紀 33
90~粹類纂 音釋 384

4001₄ 雄

20（康熙）~乘 142

4001₇ 九

10~靈山房集 補編 戴九靈先生年譜 490
21~經 2
23~代樂章 655
28（康熙）~谿衛縣志 224
30（新定）~宮大成總目 776
（新定）~宮大成南北詞宮譜閏 總目 776
36~邊圖論 240
44~華日錄 251
63~畹古文 587
67~曜齋筆記 松崖雜鈔 359

4003₀ 大

00~方廣佛華嚴經 403
~方廣佛華嚴經疏演義鈔 413
~方廣佛華嚴經入不思議解脫境界普賢行愿經 403
~方廣佛華嚴經合論 402
~方廣佛華嚴經普賢行願品別行疏鈔會本 科文 407
~唐六典 252
~廣益會玉篇 玉篇廣韻指南 57
~六壬管見 327
20~乘圓頓正宗除邪歸家授記寶卷 769
25~佛頂如來密因修證了義諸菩薩萬行首楞嚴經 406
~佛頂首楞嚴經正脈疏 407
~佛頂首楞嚴經疏解蒙鈔 408
27~般涅槃經 403
~般涅槃經玄義 404
（康熙）~名縣志 145
30~寶積經 附校訛音釋 400
~宋文鑑 682
33~泌山房集 528
（康熙）~冶縣志 218
34~法炬陀羅尼經 404
~沽炮台圖 297
35~清一統志（蔣廷錫） 130
~清一統志（和珅） 131
~清縉紳全書 123
~清世祖章皇帝實錄 94
（欽定）~清會典 則例 255
~禮記注 256
36~還閣琴譜 琴況 341
38~道修眞捷仙指源篇 423
43（嘉慶）~埔縣志 226
（康熙）~城縣志 140
~戴禮記 28
44~藏一覽集 413
~藏般若通明寶卷 771
（乾隆）~荔縣志 162
45~椿堂詩選 515
46~觀堂文集 107
53~成通志 112
55~慧普覺禪師住徑山能仁禪院語錄 年譜 宗門武庫 拾遺錄 398
~慧普覺禪師普說 409

60～易緝說 15
～愚集 諸同人尺牘 545
67～明一統名勝志 241
～明一統志 129
～明三藏聖教 附音釋 394
～明正德乙亥重刊改併五音集韻 62
～明正德乙亥重刊改併五音類聚四聲篇 五音集韻 62
～明天元玉曆祥異圖說 326
～明重刊三藏聖教 395
～明集禮 256
～明仁孝皇后勸善書 367
～明憲宗純皇帝實錄 94
～明恭穆獻皇帝實錄 94
～明英宗法天立道仁明誠敬昭文憲武至德廣孝睿皇帝實錄 94
～明成化庚寅重刊改併五音集韻 成化丁亥重刊改併五音類聚四聲篇 新編經史正音切韻指南 新編篇韻貫珠集 新編篇韻拾遺並藏經字義 附等韻指掌圖 61
～明會典 254
70～雅堂初稾詩 文 補編 600
71～歷詩略 680
77（南海先生）～同書稿 295
～學衍義 285
～學衍義補 285
～學衍義補集要 285
～學衍義補纂要 285
～學衍義節畧 補畧 286
～學古文參疑 古記 約義 雜言 41

太

00～玄經 說玄 釋文 325
10～平廣記 373
～平天國田憑糧串 260
～平經國之書 25
～平御覽 377
～平寰宇記 129
（康熙）～平縣志 （山西） 159
（雍正）～平縣志 （山西） 159
（乾隆）～平縣志 （山西） 159
（康熙）～平縣志 （浙江） 193
17～乙統宗 雜抄 328
～乙統宗寶鑑 328
～函集 520
21～上三元賜福赦罪解厄消災延生保命經 423
～上三元賜福赦罪解厄消災延生保命妙經 423
～上感應篇贅言 422
～師誠意伯劉文成公集 493
～師張文忠公集 512
22～嶽太和山紀畧 243
～僕奏議 106
26～白山人詩 附錄 509
40～古傳宗琵琶調西廂記曲譜 宮詞曲譜 341
～古遺音 341
50～史升菴全集 年譜 510
71（萬曆）～原府志 147
（順治）～原府志 147
（乾隆）～原府志 147
72～岳集書牘 520

80（崇禎）~倉州志 179
（萬曆）~谷縣志 152
90~常寺續紀 252

40047 友

10~石山人遺藁 490
47~聲 後集 新集 尺牘偶存 694

40100 士

17~翼 288
35~禮居黃氏叢書 968
44（合鐫增補）~材三書 306
~林彝訓 294

40104 臺

32~灣外記 725
（乾隆）~灣縣志 209
（嘉慶）~灣縣志 209

40106 查

33~浦詩鈔 573
68~吟集 563

40107 壺

77（康熙）~關縣志 154
（乾隆）~關縣志 155

40161 培

34~遠堂詩集 597

40200 才

07~調集 673
80（新鐫）~美巧相逢宛如約 726

40211 堯

22~峯文鈔 555
~山堂外紀 369

40214 在

00~亭叢藁 586
74~陸草堂文集 572

40227 内

25~傳天皇鰲極鎮世神書 326
27（康熙）~鄉縣志 217
40~臺集 508

南

00~庵禪師語錄 409
（道光）~康縣志 205
~唐雜劇 763
~唐書 83
07（新編）~詞定律 776
10~工廟祠祀 30
~雷文定 後集 548
22~豐先生元豐類藁 續附南豐先生行狀碑誌哀挽 461
（嘉靖）~畿志 177
（康熙）~樂縣志 213
30（嘉慶）~漳縣志集抄 221
（康熙）~安縣志 附福建賦役簡明總册 207
~宮集 538
（康熙）~宮縣志 146
~宗正傳專選南宗大畫家總要 336
~宋襍事詩 693
32（重修）~溪書院志 250
~巡盛典 256
37~湖先生文選 509
~通州五山全志 242
38~海先生詩稿 610

四〇二三七—四〇四〇七　南（三八—九一）巾希有存皮志女幸支李（〇〇—一〇）

　　~遊壿筳集　　　　　710
　　~遊草　　　　　　　537
39~沙先生文集　　　　515
40（乾隆）~雄府志　　225
　　~九宮十三調曲譜目録
　　　附録　　　　　　776
　　~有吟亭詩草　　　　609
　　（康熙）~皮縣志　　143
41~坪詩鈔　觀光紀程詩　596
44~華發覆　　　　　　420
　　~華眞經旁注（方虛名）420
　　~華眞經旁注（題晉向秀）420
　　~華眞經解内篇　外篇
　　　雜篇　　　　　　420
　　~華眞經義海纂微　　420
　　~華經　　　　　　　419
　　~華山房詩鈔　賦　南華
　　　山人詩鈔　　　　584
　　~村輟耕録　　　　　352
50~史　　　　　　　　　76
　　~忠記　　　　　　　115
51~軒先生文集　　　　480
57~邦黎獻集　　　　　689
60~昌文考　　　　　　703
　　（乾隆）~昌縣志　　201
67~昀文稿　　　　　　563
70~陜堂詩集　　　　　582
74（雍正）~陵縣志　　199
　　~陵無雙譜　　　　　115
76（康熙）~陽府志　　217
77~岡詩草　　　　　　594
90~堂詩鈔　詞賦　　　580
91~爐紀聞　竊憤録　續録
　　　阿計替傳　　　　102

　　　　　　巾

21~經纂　　　　　　　370

　　　　　　希

44~葛齋文稿　　　　　610
77~賢録　　　　　　　390

　　　　　　有

21~眞樂齋雜著　　　1050
90~懷堂文稿　詩稿　　562

4024₇　存

11~研樓文集　存硯樓二集　580
50~素堂詩初集　　　　604

　　　　　　皮

28（唐）~從事倡酬詩　456
60（唐）~日休文藪　　456

4033₁　志

44（東坡先生）~林　　350
70~雅堂雜鈔　　　　　351

4040₀　女

24~科經論　　　　　　320
77~學　　　　　　　　294

4040₁　幸

27~魯盛典　　　　　　257

4040₇　支

44~華平先生集　附録　529

　　　　　　李

00~文襄公奏議　奏疏　別
　　　録　李文襄公年譜　107
　　~文貞公全集　　　1032
10~于鏻批點世説新語補
　　　附釋名　　　　　361

17~丞相詩集 457
21~衛公望江南 295
~卓吾評選楊椒山奏疏詩集 文集 年譜 楊忠愍公行狀 520
~卓吾批點世說新語補 361
~卓吾批點曹氏一門 707
40~太白文集 437
~太白詩集 438
44~勤恪公奏議 108
~杜詩選 637
~杜直解 637
~杜全集 637
（合刻分體）~杜全集 637
47~鶴年奏稿 108
48~翰林集 438
50~忠簡公文溪集 附行狀傳 483
71（唐）~長吉詩集 外詩集 447
~長吉歌詩 外詩集 446
~長吉歌詩 外卷 446
72~氏山房集 521
~氏傳家錄 121
~氏焚書 522
77~興鋭日記 附畿南賑次稟稿 120
80~義山文集 455
~義山詩 455
~義山詩集 455
（重訂）~義山先生詩集箋注 集外詩箋注 年譜 詩話 454
88~竹嬾先生說部 1025

4046₅ 嘉

20~禾徵獻錄 外紀 115
（至元）~禾志 188
30（康熙）~定縣志 134
（乾隆）~定縣志 134
44~樹山房文集 593
77（康熙）~興府志 188
（嘉靖）~興府圖記 188
（康熙）~興縣志 188
80~善錢氏家傳 121

4050₆ 韋

00~齋集 玉瀾集 蜀中草 475
44~蘇州集 拾遺 438
72~氏詩經攷定 詩經傳授源流 總論 23

4060₀ 古

00~方八陣 317
~唐選屑 386
~文集 664
~文備體奇鈔 666
~文約集正解 669
~文約編 附錄 669
~文約選 669
~文淵鑒 669
~文選 670
~文奇賞 續古文奇賞 奇賞齋廣文苑榮華 四續古文奇賞 明文奇賞 667
~文苑 653
~文品外錄 667
~文眉詮 670
~音表考正 古韻原本 經韻諧聲 四聲譜考略 67
04~詩源 656
~詩選 均藻 618
~詩箋 655
10（宋淳熙敕編）~玉圖譜 345

四〇六〇。古（一二—八七）右

12~列女傳　109
20~雋考略　385
~香樓吟藁　西山紀遊詩詞藁　574
21~經解鉤沉　49
22~樂府　655
~樂苑　前卷　衍錄　655
25~佛天眞考証龍華寶經　769
37（乾隆）~汜城志　215
~逸書　666
40~大學釋　41
43~城文集　505
44~藤書屋文甲集　附錄乙集　詩稿　608
~藤書屋雜著　1049
44~菴毛先生文集　附毘陵正學編　511
47~歡堂集　567
50~史　76
（鼎鍥趙田了凡袁先生編纂）~本歷史大方綱鑑補　91
60~昱宗禪師東游錄　415
~愚心言　558
（乾隆）~田縣志　206
63~賦辨體　662
77~印文　340
80（刪補）~今文致　668
~今註　356
~今譚槩　372
~今詩餘選　746
~今韻略　66
~今韻會舉要　附禮部韻略七音三十六母通考　63
~今詞選　歷代詞名家目　745
~今說海　877
~今議論參　668
~今貞烈維風什　109
~今紆籌　295
~今律曆考　324
~今釋疑　附錄　359
（註釋評點）~今名將傳　112
~今宗藩懿行考　110
~今濡削選章　671
（新箋決科）~今源流至論前集　後集　續集　381
~今治平彙要　394
~今治平略　255
（增定）~今逸史　908
~今游名山記　240
（彙編）~今大家應酬文翰　389
（新編）~今大雅北宮詞紀　南宮詞紀　764
（精刻）~今女史　詩集姓氏字里詳節　654
（新編）~今事文類聚前集　後集　續集　別集新集　外集　379
（欽定）~今圖書集成　392
~今別腸詞選　745
~今原始　357
~今醫統正脈　303
~今醫統大全　316
（重刻）~今醫鑑　316
~今印則　339
（新刊陳眉公先生精選）~今人物論　270
~今合璧事類備要前集　後集　續集　別集　外集　381
87~劒書屋詩文鈔　補遺　576

右

23~編補　104

40601 吉

12（乾隆）~水縣志 204
30（乾隆）~安府志 204
32（乾隆）~州全誌 158

40621 奇

10~零草　續草 542
~晉齋叢書 961
21~經八脈考 310
77~門遁甲 329
~門遁甲統宗 329

40641 壽

11（康熙）~張縣志 177
32（乾隆）~州志 196
（道光）~州志 197
44~藤齋詩 602
76（康熙）~陽縣志 152

40710 七

17~子詩選 649
21（御纂）~經 2
24~緯 50
25~律中聲 661
40~十二子粹言 367
~十二峰足徵集　文集 696
87~錄齋詩文合集 541
~錄齋近集 541

40716 奩

50~史　拾遺 394

直

00~廬集　歸田集　應制集　使粵集　使粵日記 562
~廬稿 508
45（乾隆）~隸綿州志 232
（乾隆）~隸遵化州志 139
（乾隆）~隸秦州新志 166

40732 袁

00~文箋正　附錄小傳 591
~文榮公文集　詩集 517
50~中郎詩集 533
（新鍥）~中郎校訂旁訓古事鏡 388

40900 木

44~葉詩稿　附帖括　選定本 609
80（潛室陳先生）~鐘集 286

40908 來

80~禽館集 529

40916 檀

77~几叢書 936

40917 杭

40~大宗七種叢書 1047

40941 梓

32~溪文鈔內集　外集　附行實 511

40948 校

10（京本）~正音釋唐柳先生集　別集　外集　附錄 452
30~注橘山四六 480
35~禮堂文集 595

41116 垣

四二一一六—四三四六〇

垣（五五）塡柯栖柘彭荆姚靳斯札桃杉板博式求城始

55（乾隆）~曲縣志　160

4118₁ 塡

20~辭曲牌兒名湊趣　777

4192₀ 柯

00~庭餘習　柯庭文藪　575
30~家山館遺詩　詞　607

4196₀ 栖

10~雲閣文集　附錄　550
　~雲閣詩　550

柘

44~坡居士集　596

4212₂ 彭

36（乾隆）~澤縣志　201
90~省盧先生文集　詩集　548

4240₀ 荆

22（重刊）~川先生文集　515
32（康熙）~州府志　219
　（乾隆）~州府志　219
77（乾隆）~門州志　220

4241₃ 姚

50~秦三藏西天取清解論　774

4252₁ 靳

10~兩城先生集　517

4282₁ 斯

00~文精萃　694

4291₀ 札

42~樸　360

4291₃ 桃

31~源洞天志　662
32~溪客語　355
　~溪淨稿文集　詩集　502
44~花扇傳奇　760

4292₂ 杉

00~亭集　1044

4294₇ 板

42~橋雜記　364
　~橋詩鈔　詞鈔　題畫
　小唱　家書　590

4304₂ 博

27~物典彙　389
（新編）~物策會　384
40（亦政堂重修）~古圖錄
　古玉圖　考古圖　265
67（乾隆）~野縣志　141

4310₀ 式

47~馨堂詩前集　後集　詩
　餘偶存　580

4313₂ 求

40~古精舍金石圖初集　264
60~是堂文集　541

4315₀ 城

11~北集　567
13（康熙）~武縣志　176

4346₀ 始

10~可與言　716

4380₀ 貳

71～臣傳　115

4380₅ 越

26～縵堂日記　120
27～絕書　100

4396₈ 榕

40～檀問業　289
60～園詞韻　發凡　748

4402₇ 協

27（欽定）～紀辨方書　329
50～忠錄　113

4410₀ 封

35（新刻）～神演義　728
72（順治）～邱縣志　212
77（康熙）～邱縣續志　212
（康熙）～邱縣志　212

4410₄ 墊

31（乾隆）～江縣志　233

董

17～子春秋繁露　附錄　37
～司理一成粘壁語　259

4411₂ 地

16～理探微　327
44～藏王菩薩擊掌幽冥寶卷　773

范

00～文正公集　年譜　補遺　褒賢祠錄　言行拾遺事錄　義莊規矩　鄱陽遺事錄　附錄　459
～文正公忠宣公全集　707
50～忠貞公文集　553
～忠宣公集　奏議　遺文　附錄　補編　465
62（嘉慶）～縣志　213

4412₇ 坳

90～堂集　594

蒲

32（康熙）～州志　161
～溪吟社三家詩鈔　700
43（康熙）～城志　163
（康熙）～城縣續志　163
62（康熙）～縣新志　158

4413₂ 蓑

11～斐堂子史彙纂　389

4414₇ 坡

22～仙集　470
（訂補）～仙集鈔　471

4420₂ 蓼

44～村集　577
90～懷堂琴譜　字母源流　342

4420₇ 夢

26～白先生集　529
32～溪筆談　補筆談　續筆談　350
45～樓詩集　596
77～月巖詩集　詩餘　572
88～筆山房繭甕集　續編　閒雲詞　582

考

10~工記　檀弓　26
~工記述註　26
~工記箋註　26

4421$_1$　荒

18~政叢書　258

4421$_2$　苑

04~詩類選　656
10~西集　歸田集　567
37~洛集　509
~洛志樂　31

菀

50~青集　572

4421$_4$　花

01~語山房詩文小鈔　三重賦南匯縣志分目原稿　離騷經　讀騷列論　帝京賦　東浦草堂詩　楚詞九歌解　584
17~聚菴詩集　詩餘　562
77~間集　743

荏

10（康熙）~平縣志　176

莊

17~子郭注　419
~子翼　闕談　附錄　419
~子鬳齋口義　419
~子南華眞經　420
~子因　421
33（乾隆）~浪志略　166

4422$_1$　荷

00~亭辯論　附書　文集　505
40~塘詩集　599

4422$_2$　茅

00~鹿門先生文集　518

4422$_7$　勸

77~學文　291
80（御製）~善要言　290
~善金科　761

帶

21~經堂詩話　716
~經堂集　556

芮

43（康熙）~城縣志　160
（乾隆）~城縣志　160

芳

44~蓀書屋存稿　製藝　601

莆

76~陽知稼翁集　476
77~風清籟集　704

薌

22~巖詩稿　609
34~遠堂詩　襍著　584

蒿

44~菴集　附錄　549

蕭

22（乾隆）~山縣志　188

27~魯菴集 543

蘭

06~韻堂文集　詩集　續經進文稿　御覽集 599
10~玉堂詩集　文集 598
~玉堂詩集　東湖弄珠樓志 598
~雪齋韓歐文批評　國策選評 669
28（康熙）~谿縣志 194
32（康熙）~州志 165
44~藻堂集 593
76（乾隆）~陽縣續志 211

4422₈ 芥

17~子園繪像第七才子書 761
27~舟學畫編 336

4423₂ 藤

44~花樓偶記 364

蒙

43~求續編 384
72~隱集 478
78（康熙）~陰縣志 173

4423₇ 蔗

40~塘未定稿　詞　外集 578
77~尾詩集 582

4424₀ 蔚

32（乾隆）~州志補 138
62（乾隆）~縣志 138

4424₁ 薜

40~帷文鈔 591
44~荔山房藏稿 530

4424₇ 獲

00（乾隆）~鹿縣志 136
40（乾隆）~嘉縣志 212

蔣

00（重刻）~文定公湘皐集 505
72~氏游藝秘錄 334

4425₃ 藏

22~山閣存稿 550
27~舟子弟書草稿 766
30~密齋集 537
50~書 77

4428₉ 荻

32~溪集 492

4429₄ 葆

12~璞堂詩集　文集 578

4430₄ 蓮

20~香集 686
34~池書院圖詠 250
~漪畫舫吟草 610
38~洋集選 567
44~華經提婆達多品 412
80~龕集 553

4430₇ 芝

00~庭文稿　詩稿 583
60~園定集 514
71~厓詩集 584
80~龕記 762

4432₀ 薊

32（康熙）~州志 135

4433₁ 熱

31（乾隆）~河志 138

燕

00~市集 527
22~川集 593
~山外史 727
47~超堂詩稿 603
~超堂隨筆 363

蕪

37（乾隆）~湖縣志 197

蕉

44~林詩集 551

4433₈ 恭

26~和詩稿 御賜詩文 592

4434₆ 蕁

27~鄉贅筆 369

4439₄ 蘇

00~齋集錄 594
~文忠詩合註 年譜 470
~文忠公文選 472
~文忠公策論選 471
10~平仲文集 495
32（康熙）~州府志 178
44~老泉先生全集 附錄 465
50~東坡詩集注 宋史本傳 坡先生年譜 468
~東坡先生文抄 472
71~長公密語 472
~長公表 啓 470
77~學士文集 460
~門山人詩鈔 595
90~米齋蘭亭考 333

4440₁ 莘

62（康熙）~縣志 176

4440₆ 草

00~廬吳文正公集 道學基統 487
16~聖彙辯 附草訣百韻 334
30~字彙 草訣歌（佟徽年） 334
~字彙（石梁） 334
40~木疏校正 24
44~茅一得 續得 103
90~堂詩餘 743
（精選古今分類）~堂詩餘合集 744
~堂清話 369

4440₇ 孝

21~順事實 110
~經 38
~經衍義 292
~經大全 或問 孝經翼 38
~經精義 后錄 或問 原孝餘論 39
50~史類編 孝經直解 369
~肅包公奏議 傳 105
80（雍正）~義縣志 154

4441₇ 執

50（欽定）~中成憲 291

4442₇ 萬

30（康熙）~安縣志 204
（增補）~寶全書 389

40~壽盛典初集　千叟宴詩 256
43（道光）~載縣志 203
48~松老人評唱天童覺和尚頌古從容庵錄　音義 398
60~里志 506
71~曆武功錄 102
~曆起居注 95
80（乾隆）~全縣志 138
~首唐人絕句 674

4445₆ 韓

00~文 449
~文起　韓文公年譜 449
（唐大家）~文公文鈔 449
~文公文鈔 449
04~詩外傳校注　拾遺 24
11~非子 299
17~子 299
~子文鈔 450
~子迂評　附錄 299
~子粹言 450
36（新鐫批評出相）~湘子圖 728
43（康熙）~城縣續志 163
47~柳二先生年譜 118
~柳全集 637
50~忠定公集 503
60~昌黎詩集編年箋注 450

4446₀ 姑

44（正德）~蘇志 178

4446₄ 菇

40~古略集 389

4450₄ 華

22~嶽全集 242
30（萬曆）~容縣志 222
50~夷花木鳥獸珍玩考　續考　雜考 346
66~嚴經音義 412
78（萬曆）~陰縣志 163

4450₆ 革

27（重刊）~象新書 323

葦

77~間詩集 573

4453₀ 英

10~雲夢傳 727

4460₃ 蓄

00~齋集 568

4460₄ 苦

14~功悟道卷 766
~功悟道卷句解 766

著

46~娛齋詩集 549

4460₆ 莒

32（康熙）~州志 173

4460₇ 蒼

10~霞草　詩　續草　餘草　綸扉奏草　續綸扉奏草　後綸扉尺牘 531
22~崖先生金石例 718
25~生司命 318
26~峴山人集　微雲集　蒼峴山人文集 555
80~谷全集　附錄 508

4460_8 蓉

48～槎蠡説　354

4462_7 荀

17（刪定）～子管子　279
（纂圖互註）～子　280
～子　補校勘補遺　281

4471_1 老

17～子元翼　考異　附録　418
～子翼　418
～子道德眞經　道德經古今本考正　417
～子道德經　418
44～莊合刻　417

4471_2 也

60～園草初集　二集　568

4471_7 世

08～説新語　世説新語補　360
～説新語　附釋名　補釋名　361
～説新語補　361
21～經堂集　514
24～德堂遺書　1032
30～宗憲皇帝御製文集　582
50～史正綱　90

4472_2 欝

44（乾隆）～林州志　230
77～岡齋筆塵　353

4472_7 葛

02～端肅公文集　515
22～仙翁肘後備急方　313
44～莊編年詩　補遺　574
～莊分體詩鈔　補遺　574
70（新鋟）～雅川内篇　外篇　422

4473_1 藝

00～文類聚　375
44～苑名言　717
44～林彙考　358

芸

67～暉堂詩集　566

4473_2 兹

60～園詩集　561

4474_1 薛

00～文清公讀書全録類編　287
～文介公文集　535
72～氏醫按　302

4477_0 廿

10～一史識餘　126
（重刊增定）～一史詞話　766
～一史彈詞註　765

甘

26（乾隆）～泉縣志　183
44～莊恪公全集　附　578
50（乾隆）～肅通志　164

4477_7 舊

10～雨草堂詩　詩餘　596

4480_1 楚

20～辭　疑字直音補　425
～辭　辨證　後語　427

~辭　讀楚辭語　雜論屈原傳 428
~辭評林　總評 427
~辭集註　辨證　後語 426
~辭述註　九歌圖 428
~辭節註　楚辭叶音 429
~辭燈　楚懷襄二王在位事蹟考 428
40（康熙）~雄府志 237
44~蒙山房集 1046
77~騷　附錄 425

4480₆　黄

00~帝内經素問 307
（補注釋文）~帝内經素問　遺篇　黄帝素問靈樞經 307
~帝内經素問靈樞合編 307
（重刊）~文獻公文集 488
~文憲分家書 259
04~詩全集 473
10~石齋先生文集　補遺 540
~石齋先生大滌函書 540
22~山詩留 551
~山志定本 242
~梨洲先生南雷文約 548
24~勉齋先生文集 480
~徽胤奏摺 107
30（康熙）~安縣志 219
32（乾隆）~州府志 219
38~道周詩集 540
41~嬭餘話 359
62（乾隆）~縣志 172
72~氏畫譜 337
77~岡二家詩鈔 703
~陶菴詩集 542
~陶菴先生全集 542
80~鐘通韻　補遺 342

4480₉　焚

88~餘集 586

4490₁　禁

44~林集 692

蔡

44~恭靖公詩稿 523
50（漢）~中郎集 429
~中郎集　補遺 429
72~氏九儒書 290

4490₄　茶

50~史　補 346
74（嘉慶）~陵州志 222
88~餘客話 355

菜

47~根精舍詩草 582

葉

41~梧叟先生集 549
50~忠節公遺稿 558

4490₈　萊

76（康熙）~陽縣志 173

4491₀　杜

04~詩論文 442
~詩詳註　附編 443
~詩偶評 444
~詩鏡銓　附錄　年譜 444
~詩鈔 444
10~工部詩　附錄 441
~工部詩集　集外詩　杜

詩補註　文集　年譜 442
~工部五言詩選直解　七言詩選直解　年譜 443
~工部集　諸家詩話　附錄　唱酬題詠　附錄　年譜 441
~工部集箋註　附錄　注杜詩略例　諸家詩話　唱酬題詠　附錄 441
~工部七言律詩　（虞集） 440
~工部七言律詩　（陳之壎） 443
~工部全集　年譜 441
25~律二註 440
~律虞注 440
~律詹言 441
~律通解 443
~律啓蒙　年譜 443
~律七言註解 440
35~清獻公集 482
44~韓詩句集韻 390
77~門草 543
90~少陵集 440
~少陵七五律精選 444

44914 桂

10（道光）~平縣志 230
22~岩嘯客雜劇 753
32~洲詩集 511
~洲奏議　續集 106
44~花姻傳奇　考據　襄陽獄 763
51~軒先生全集 508
76（乾隆）~陽州志 223

權

21~衡一書 294

44927 栲

44~栳山人詩集 489

菊

08~譜 347

44986 横

10~雲山人集 562

44990 林

12~登州遺集　附錄 495
17~子三教正宗統論 353
26~和靖先生詩集　省心錄　詩話 458
44~蕙堂全集 558
72~氏活人錄彙編 313
78~臥遙集 554

44994 楳

44~莽詩鈔 602

45106 坤

26~皐鐵筆 340

45932 隸

00~辨 60
06~韻　碑目　攷證　隸韻攷證 57
26~釋　隸續 264

45944 樓

57~邨詩集 575

45960 柚

90~堂續筆談 356
~堂筆談 355

4599₆ 楝

00～亭詩鈔　文鈔　詩別集詞鈔　詞鈔別集 577
～亭藏書 944

4601₀ 旭

44～華堂文集　補遺　附墓志銘 564

4611₀ 坦

00～齋劉先生文集 494

4614₀ 埤

70～雅 54

4621₀ 觀

27～象玩占 326
38～海集　京華詩 564
43（康熙）～城縣志 176
44～世音菩薩大悲心陀羅尼神咒 416
90～光詩集　助教侯先生詩集　文集 499

4622₇ 獨

77～學廬全稿 1045

4633₀ 恕

87～銘朱先生彙選當代名公四六新函　品級人物 688

4640₀ 如

26（乾隆）～皋縣志 184

4680₆ 賀

44～蘭雪樵詩集　賀蘭雪樵河上草　蘭樵歸田稿 563

4690₀ 相

30～宗八要 398
～宗八要解 398
～宗八要直解 398

4690₃ 絜

44～菴慙錄 534

4691₃ 槐

10～下新編雅說集 366
31～江詩鈔 581

4691₄ 桯

50～史　附錄 362

4692₇ 楞

26～伽阿跋多羅寶經 400
～伽阿跋多羅寶經會譯 401

楊

00～文節公詩集 479
20～維斗先生手訂王文恪公家藏未刻稿 504
24～升菴先生批點文心雕龍 713
～升菴史略詞話 765
27～龜山先生集 474
30～宏山先生日錄詩集 360
37～澥藏漢綏和鼎圖說 266
40～大年先生武夷新集 458
50～忠愍公全集 520
60～園先生全集 1026
72～氏塾訓 289
～氏易傳 15
～氏全書 1039
80～全甫諫草 106

四
六
九
二
（
七
）
―
四
八
一
六
（
六
）
楊
（
八
三
）
鳩
鶴
獺
郝
朝
好
媚
胡
切
楓
柳
桐
根
穀
榴
格
救
增
（
〇
〇
）

83~鐵崖文集　史義拾遺
　　西湖竹枝集　香奩集　491

47027 鳩
44~茲集　增卷　雜著　534
47~塢隨手錄　969

47227 鶴
44~林玉露　351
80~年海巢集　490

47286 獺
27~祭錄　390

47327 郝
00~文忠公陵川文集　附錄　486
44~蘭石全集　550

47420 朝
43（康熙）~城縣志　176
60（康熙）~邑縣後志　163

47440 好
33（新編）~述傳鼓詞　小　763
　　曲新編

47467 媚
22~幽閣文娛　688

47620 胡
17~子衡齊　288

47720 切
77~問齋文鈔　693
　~問齋集　603

47910 楓

22~山章先生文集　503

47920 柳
00~文　453
　~文　別集　外集　附錄　451
22~崖外編　720
24~待制文集　外編附錄　488
32（乾隆）~州府志　229
40~南隨筆　355

桐
21（康熙）~盧縣志　187
41（乾隆）~栢縣志　217
47~鶴兩先生詩鈔　706

47932 根
50~本薩婆多部律攝　405

47947 穀
03~詒彙　290
33~梁折諸　34
43~城山館詩集　528
63~貽編　290

47962 榴
44~花夢　764

47964 格
18~致叢書　913
　~致鏡原　392
40（新增）~古要論　365

48140 救
44~苦忠孝藥王寶卷　772

48166 增
00~廣音註唐郢州刺史丁卯

詩集 454
~廣註釋音辯唐柳先生集別集　外集　附錄 452
20~集雜毒海 414
28~修詩話總龜　百家詩話總龜後集 713

4826₆ 獪

60~園 719

4841₇ 乾

45~坤法竅　陰符玄解 329

4842₇ 翰

38~海 671
44（新鍥）~林三狀元會選二十九子品彙釋評 366
（新鐫）~林考正歷朝故事統宗　歷朝人君考實 386

4844₀ 教

20（重訂）~乘法數 412
25~練輯要 297

4860₁ 謷

44~世編 423

4864₀ 敬

21~止錄 190
27~鄉筆述 116
32~業堂詩集 575
~業堂詩續集 576

4892₁ 榆

32~溪詩鈔 547
34（康熙）~社縣志 152
（乾隆）~社縣志 152
37（萬曆）~次縣續志 151
（萬曆）~次縣志 151
（乾隆）~次縣志 151

4893₂ 松

10~雪齋文集　外集 486
22~崖醫經　醫徑句測　醫徑彙方 316
26~泉詩集　文集 583
27~鄉先生文集 486
31（康熙）~江府志 133
~源經說 49
38（康熙）~滋縣志 220
40~壺集 553
44~花菴全集 600
~桂堂全集　南淮集　延露詞　松桂堂全集賦 557
60~園印譜 340
72~隱唯庵然和尚語錄 409
74~陵集 673
76~陽講義 43
（乾隆）~陽縣志 195
77~風閣琴譜　指法　抒懷操 341
~風餘韻 698

4895₇ 梅

22~崖居士文集　外集 593
44~花喜神譜 336
~村集 547
72~隱詞 743
~氏叢書輯要 325

4896₇ 槍

08~譜　棍譜　拳譜 297

4942₀ 妙

22~山精舍集存 558
34~法蓮華經 404
~法蓮華經觀世音菩薩普門品 404
~法蓮華經知音　弘傳序知音 407

4980₂ 趙

00~文肅公集 517
~文敏公松雪齋全集　外集　續集　行狀 486
18~攷古先生遺集 497
32（康熙）~州志 136
33~浚谷文集　詩集 514
35~清獻公集 461
43（順治）~城縣志 158
（乾隆）~城縣志 158
72~氏家譜 122

5

5000₆ 中

00~立四子集 278
08~說 283
22~川遺稿 529
~巖文介先生文集 558
~山集 1028
~山傳信錄 251
~山奏議 107
23（乾隆）~牟縣志 211
26~吳紀聞 239
32~州集　樂府 683
（御訂全金詩增補）~州集 683
~州名賢文表 700
60~星譜 324
67~晚唐詩叩彈集　續集 679
~晚堂詩紀 632
71~原音韻 776

史

07~記 73
~記　史記補 75
（古香齋鑒賞袖珍）~記附司馬貞補史記 75
（新鍥葉先生傳家舉業要決）~記文髓 127
~記評林 75
~記論文 76
~記志疑 76
~記索隱 73
~記纂 76
~記鈔 127
10~要編 125
22~糾 270
34~漢方駕 79
37~通訓故補 268
~通通釋　附錄 268
50~忠正公集 540
72~氏譜錄合編 122
77~學提要箋釋 125
90~懷 270

申

47~椒館敝帚集 529

車

50~書樓彙輯各名公四六爭奇 688
~書樓選註當代名公四六天花 688
~書樓選刻歷朝翰墨鼎彝 671

5000_7 事

00（新編）~文類聚翰墨全書 383
27~物考 384
~物異名錄 394
91~類賦 377

5001_7 抗

40~希堂十六種 1040

5003_2 夷

26~白齋稿 外集 491
77~門廣牘 894

5003_7 摭

40~古遺文 再增摭古遺文 59

5010_6 畫

05~訣 333
36~禪室隨筆 331
44~苑 330

5013_2 泰

21（雍正）~順縣志 194
22~山東嶽十王寶卷 773

5014_8 蛟

22~川十八衛指揮攷 114

5022_7 青

00~立軒詩藁 580
10~霞沈公遺集 518
~要集 577
~雲洞遺書初刻 二刻 1043
22~崖集 487
25~螻遺稿 595
32（康熙）~州府志 171
~溪遺稿 546
33~浦詩傳 696
（康熙）~浦縣志 133
（乾隆）~浦縣志 133
43~城山人詩集 499
45~樓集 113
60（康熙）~田縣志 194
77~邱高季迪先生詩集 遺詩鳬藻集 附扣弦集 年譜 496
88~箱堂文集 附遺稿續刻 年譜 545
~箱堂詩集 文集 遺稿 續刻 年譜 545

5023_0 本

21~經逢原 309
44~草新編 310
~草詩箋 309
~草彙言 309
~草綱目 圖 309
~草綱目 圖 本草萬方針線 藥品總目 309
（增訂）~草附方 309
~草類方 319
47~朝應制和聲集 首 二集 二集補編 693
~朝文約選 694
~朝名媛詩鈔 692
~朝廿二家詩 691
~朝館閣詩 附錄 續附錄 692
~朝館閣賦前集 694
~朝館閣賦前集 後集 補遺 附錄 稻香樓試帖 695

50~事詩 716

5033₃ 惠

40~直堂經驗方 319
(康熙)~來縣志 226
77(乾隆)~民縣志 169

5033₆ 忠

13~武誌 116
80~義水滸全書 宣和遺事圖 724

5040₄ 婁

50~東詩派 698
62(乾隆)~縣志 133

5050₃ 奉

02(道光)~新縣志 203
77(乾隆)~賢縣志 133

5060₁ 書

07~記洞詮 665
08~譜 332
20~集傳 書圖 朱子說書綱領 19
21~經 精鐫尚書笥中利試題旨秘訣 20
(欽定)~經傳說彙纂 20
~經近指 21
34(陳眉公先生手評)~法離鉤 334
~法正傳 334
40~帷別記 20
44(御覽)~苑菁華 333
~林揚觶 360
50~畫指南 332
~畫題跋記 續記 331
~畫跋跋 續 331
72~隱叢說 355

5060₃ 春

10~雪館詩 539
~雨軒詩正集 附集 497
27~凫小稿 595
29~秋 31
~秋 諸國興廢說 圖 34
~秋詞命 672
~秋列傳 109
~秋取義測 37
~秋集註 35
~秋經傳集解 春秋列傳圖說 異名考 31
~秋私考 36
~秋傳註彙約 36
(欽定)~秋傳說彙纂 36
~秋傳議 37
~秋疑問 36
~秋宗朱辨義 37
~秋左傳 (杜預) 31
~秋左傳(孫鑛) 33
~秋左傳(弘瞻) 33
~秋左傳註評測義 世系譜 名號異稱便覽 地名配古籍 總評 春秋列國東坡圖說 33
~秋左傳註疏 32
(附釋音)~秋左傳註疏 32
~秋左傳節文 32
~秋左傳類解 地譜世系 32
~秋大事表 輿圖 附錄 34
~秋地名攷略 37
~秋胡氏傳纂疏 35
~秋穀梁註疏 34
~秋穀梁傳 攷 34

~秋指掌　附錄 37
~秋四傳 35
~秋困學錄 37
~秋繁露　附錄 38
34~社猥談 371
36~溫 313
44~草齋文集　詩集　附名公讃春草集歌詠 496
47~柳鶯 726
60~星草堂詩稿 604
~早堂詩集 555

5071$_7$ 屯

77（雍正）~留縣志 156

5073$_2$ 表

50~忠錄 106

5080$_6$ 貴

32（乾隆）~州通志 234
（乾隆）~溪縣志 202

5090$_0$ 未

44~焚草 107
51~軒公文集 503

5090$_2$ 棗

13（乾隆）~強縣志 144

5090$_3$ 素

88~餘堂集 590

5090$_4$ 秦

30（嘉靖）~安志 166
34~漢文鈔 667
~漢瓦當文字　續 267
~漢魏晉文選 665
~漢印統 267
45~樓月　名媛題詠　二分明月集 760

5090$_6$ 束

00（乾隆）~鹿縣志 136

東

00~方先生集 429
~廓鄒先生文集 511
10（康熙）~平州續志 174
（康熙）~平州志 174
（乾隆）~平州志 174
（新鐫全像）~西兩晉演義志傳 722
~西洋考 251
22~山寓聲樂府 741
~山草堂文集 576
~山草堂集 589
26~泉誌 246
~皐詩文集 547
~皐漫錄 126
~皐握靈本草　序列　補遺 309
38（新編）~遊記 727
44~坡詩選　年譜 467
~坡集　續集　後集　奏議　應詔集　内制集　樂語　外制集　年譜 467
~坡集選　集餘　年譜 471
~坡先生詩集註　東坡紀年錄 468
（重編）~坡先生外集　年譜 470
~坡先生編年詩 470
~坡先生全集　東坡詩選　本傳　東坡年譜 467

30（康熙）~寧縣志 161

成

10~王年壽事蹟譜 117
30（康熙）~安縣志 145
60~唯識論 405

感

44~舊集 690

5322_7 甫

60~里逸詩 696
~田集 513

5340_0 戎

44~幕閒談 373

5404_1 持

44~世經 401

5415_3 蛾

54~蠓集 526

5419_4 蝶

44~菴道人清夢錄 362

5500_0 井

77~丹先生集 附錄 522

5502_7 弗

24~告堂集 531

5503_0 扶

77（乾隆）~風縣志 163

5505_3 捧

78~腹編 374

5509_6 揀

00（御製）~魔辨異錄 415

5523_2 農

18~政全書 300
50~丈人詩集 文集 531

5560_0 曲

08~譜 775
32（康熙）~沃縣志 157

5560_6 曹

17~子建集 疑字音義 430
32（康熙）~州志 175
40~李尺牘合選 694
77~月川集 499
~月川先生夜行燭 499

5580_6 費

17~子統天易說 17

5590_0 耕

33~心子漫稿 538

5600_0 拍

30~案驚奇 圖 719

5602_7 揭

60~曼碩詩集 488
76（乾隆）~陽縣志 227

揚

17~子法言 282
（新纂門目五臣音註）~子法言 282
~子法言纂 283

32（萬曆）~州府志 182
（康熙）~州府志 182
（雍正）~州府志 182
~州夢 760

5701₂ 抱

21~經堂叢書 958
22~山樓詩集 詞集 609
24~犢山房集 560

5702₀ 輞

77~岡上遴畫册 339

5702₇ 邦

22~畿水利集說 248

5704₇ 投

88~筆集 544

5705₆ 揮

00~塵錄 101

5798₆ 賴

40~古堂集 549
~古堂別集印人傳 340
~古堂名賢尺牘新鈔 二選藏弆集 三選結隣集 671
~古堂未刻詩 549

5803₁ 撫

17~豫宣化錄奏疏 108

5815₃ 蟻

21~術詩選 詞選 489

5844₀ 數

16~理本原 325

5918₆ 蛽

54~蛣雜記 372

6

6010₀ 日

05~講四書解義 42
10~下舊聞 238
31~涉編 128
67（康熙）~照縣志 173
86~知薈說 293
~知錄 358
~知堂文集 557
88~餘講識 364
90~省齋偶鈔 271

6010₁ 目

35（新編）~連救母勸善戲文 758
80~前集 387

6010₄ 墨

09~麟詩 580
17~子 347
~子批選 347
22~緣彙觀 332
34~池編 332
~池魚 394
38~海金壺 979
40~志 345
44~林初集 345
50~書叢鈔 345

星

77~學 324

6010₇ 疊

22（新刊重訂）~山謝先生文集 484

6011₃ 晁

00~文元公法藏碎金要語 413

6012₃ 躋

10（新刻小說）~雲樓 727

6012₇ 蜀

50~中名勝記 240
~中著作記 262

6014₇ 最

22~樂堂文集 591

6015₃ 國

01~語 98
~語補音 98
~語抄評 99
30~憲家猷 385
47~朝文鈔初編　二編　三編　四編　五編　論文 694
~朝文類 684
~朝六家詩鈔 648
（欽定）~朝詩別裁集 691
~朝詩別裁集 691
~朝三家文鈔 649
~朝列卿紀 113
~朝列卿年表 123
~朝山左詩鈔 700
~朝練音初集 699
~朝名家詩餘 740
~朝名世類苑 113
~朝松陵詩徵 698
~朝畫徵錄　續錄　附錄　強恕齋圖畫精義識　附畫論 336
~朝典故 876
~朝歷科館選錄　特授改補館職 123
（增定）~朝館課經世宏辭 689
50~事 100
~史經籍志 262

6021₀ 四

00（欽定）~庫全書總目 260
（欽定）~庫全書提要 261
（欽定）~庫全書簡明目錄 261
（新刻）~六旁訓古事苑 388
~六談塵 714
~六法海 662
~六枝談 717
~六纂組　歷代官制 663
（新刻旁註）~六類函 688
17~子眞經 273
~子全書 417
21~經稗疏 49
22（乾隆）~川保寧府廣元縣志 232
（嘉靖）~川總志　全蜀藝文志 231
（雍正）~川通志 231
35~禮翼合編　附教民三圖 30
40~大奇書第一種 721
44~世恩綸 121
47~朝子史彙鈔 935
50~書讀註提耳 44
~書講義困勉錄　續錄 43

~書正體　校定字音　44
~書集說　補義　續考　46
~書集注　41
~書參　42
~書朱子異同條辨　43
~書自課錄　45
~書釋地　續　又續　三續　43
~書近指　42
~書大全　43
~書古今訓釋　46
（增訂）~書析疑　44
~書考輯要　45
~書考異　45
~書或問語類大全合訂　44
~書拾義　46
~書題鏡　45
~書反身錄　續錄　44
~素山房集　皇華集　明原任大學士青岳劉公傳　537
67~明山志　244
~明四友詩　702
80~分比丘尼羯磨法　397
~分僧羯磨　397
（康熙）~會縣志　228
84~鎮三關誌　136

6021₀　見

21~眞吾齋詩草　詩餘　608
50~素集　續集　奏議　504
77~聞錄　374

6021₁　晃

26~巘集　540

6022₇　易

21~經旁訓　15
~經註疏大全合纂　周易繫辭註疏大全合纂　周易略例　序　上下篇義　五贊　筮儀　易說綱領　16
~經三註粹抄　17
（梁山來知德先生）~經集註　雜說　啓蒙　15
~經揆一　易學啓蒙補　18
~經易解　18
（鼎鐫睡菴湯太史）~經脈　16
（重鐫蘇紫溪先生）~經兒說　16
30~憲　附卦歌　圖說　17
60~因　15
77~學四同　別錄　15
90~堂問目　49

6033₀　思

24~綺堂文集　576
25~生錄　259
63~貽令名齋詩稿　610
80~益梵天所問大乘經　401

恩

10（康熙）~平縣志　228
62（雍正）~縣續志　169
（萬曆）~縣志　169

6040₀　田

00~亭草　527
27~叔禾小集　514
72~氏家譜　122

6040₄　晏

17~子春秋　晏子春秋音義　116

60500 甲

17~子會紀 91
32~遁眞授秘集 329
50~申傳信錄 103

60506 圍

44~碁近譜 343
91~爐詩話 715

60600 吕

01~語集粹 289
02~新吾先生僞齋文集 529
17~子評語正編 附刻 餘編 附刻 292
37~祖全書宗正 423
48~敬夫集 491
67~晚邨先生四書講義 43
72~氏雜記 351
~氏家塾讀詩記 22
~氏春秋（高誘） 348
~氏春秋（陸游） 348
~氏春秋（李鳴春） 348

昌

10（康熙）~平州志 132
27~黎先生詩集注 年譜 450
~黎先生集 外集 遺文 朱子校昌黎先生傳 448
~黎先生集考異 448
~黎先生全集 外集 遺文 朱子校昌黎先生傳 449
（康熙）~黎縣志 139
80~谷集 478

回

00~文類聚 織錦回文圖 續編 656
11（嘉慶）~疆通志 168

60604 固

43（康熙）~始縣志 216
~哉草亭文集 補遺 詩集 587
71（萬曆）~原州志 167

圖

28~繪寶鑑 336
50~書編 385

60711 昆

74~陵六逸詩鈔 699
~陵集 補遺 附錄 444

60732 畏

60~壘筆記 358

60801 異

08~說征西演義全傳 723

是

26~程堂集 耶溪漁隱詞 606

60904 果

47~報錄 766
69~堂集 578

困

77~學紀聞 356
（校訂）~學紀聞三箋 357
~學錄集粹 293
86~知記 續 三續 四續 續補 附錄 287

6090₆	景	
67~瞻論草		536
72~岳全書		318
74（康熙）~陵縣志		220

6091₄	羅	
17~豫章先生集		475
24~德安先生文集		497
30（雍正）~定州志		231
32~浮山志會編		244
67~鄂州小集　羅鄂州遺文		476

6104₀	盰	
31~江羅近溪先生全集　孝訓　仁訓　鄉約　語要		288
63（乾隆）~胎縣志		185

| 6108₁ | 睕 | |
| 22~巢集 | | 602 |

| 6111₀ | 趾 | |
| 44~菴歸養草 | | 530 |

| 6118₂ | 蹶 | |
| 11~張心法　長鎗法選　單刀法選 | | 296 |

| 6138₆ | 顯 | |
| 30~密圓通成佛心要集 | | 411 |

| 6180₈ | 題 | |
| 27~名碑錄 | | 123 |

| 6183₂ | 賑 | |
| 27~紀 | | 258 |

| 6201₃ | 眺 | |
| 29~秋樓詩 | | 588 |

| 6201₄ | 睡 | |
| 00~庵稿文集　詩集 | | 533 |

| 6240₀ | 別 | |
| 70~雅 | | 55 |

| 6303₂ | 咏 | |
| 27~物詩選 | | 660 |

| 6319₁ | 踪 | |
| 67~眼和尚機鋒語錄 | | 409 |

| 6323₄ | 猷 | |
| 37~次哨談 | | 353 |

6355₀	戰	
60~國策		99
（新鍥鄭孩如先生精選）		
~國策旁訓便讀		100
~國策譚椰		99

| 6384₀ | 賦 | |
| 89~鈔箋署 | | 663 |

| 6386₀ | 貽 | |
| 30~安堂稿續集 | | 363 |

| 6401₁ | 曉 | |
| 17~翠山房吟草 | | 609 |

| 6403₄ | 嘆 | |
| 44~世無爲卷句解 | | 767 |

六〇九〇六——六四〇三四

景羅盰睕趾蹶顯題賑眺睡別咏踪猷戰賦貽曉嘆（四四）

~世無爲卷 767

6406₁ 嗜

26~泉詩存　附錄　詩說 511

6500₆ 呻

68~吟語　黄帝陰符經　救命書 289

6502₇ 嘯

00~亭雜錄　續錄 363
88~餘譜 774

6503₀ 映

10~玉堂集 541

6509₀ 味

26~和堂詩集 572
44~蘭軒百篇賦鈔 695
88~餘書室全集定本　隨筆 606

6603₂ 曝

50~書亭詩錄 565
~書亭集　附錄　笛漁小稾 565

6606₀ 唱

21~經堂才子書彙稿 1028

6624₈ 嚴

40~太僕先生集　附墓表 572
72~氏世譜 122
77~居稿 514

6640₄ 嬰

00~童百問 321

6682₇ 賜

50~書堂嶢山集　賜書樓嶢山集　補刻　詩集 571
77~閑堂集 536

6701₆ 晚

00~唐詩鈔 679
57~邨先生家訓眞蹟 558
~邨先生八家古文精選 668
77~聞存稿 584
88~笑堂竹莊畫傳 338

6702₀ 明

00~文霱 688
~文英華 689
~文鈔初編　二編　三編　四編　五編　論文集鈔 689
~六部纂修條例 255
04~詩綜 686
~詩綜詩話 686
~詩選 684
(批點)~詩七言律 685
~詩别裁集 687
08~謚考 256
10~夏赤城先生文集 505
21~儒學案 114
23~狀元圖考 123
24~德先生文集 537
25~練音續集 699
27~名臣言行錄 114
(重鐫朱青巖先生擬編)~紀輯略 102
28~倫大典 256
30~宣宗章皇帝實錄 94
32~州阿育王山志　續志 243
35~清兩代各種票照 260

六四〇三₄—六七〇二₀ 嘆(四四)嗜呻嘯映味曝唱嚴嬰賜晚明(〇〇—三五)

~清兩代各種會約文約文件 260
40~十一家集 647
44~萬曆年鄭眞錫弟姪析產標書 259
47~朝紀事本末 96
50~末滇南紀略 纖言 103
~末忠烈紀實 115
~末小史 103
77（訂補）~醫指掌 316
（訂補）~醫指掌 附診家樞要 316
80~人詩鈔 續集 687
~人尺牘選 689
88（欽定）~鑑 93

67032 喙
67~鳴文集 528

67061 瞻
00~六堂集 541

67062 昭
00（雍正）~文縣志 180
23~代詞選 746
~代叢書甲集 乙集 丙集 942
~代典則 93

67064 略
26~釋新華嚴經修行次第決疑論 406

67082 吹
44~萬閣詩抄 文抄 詞抄 597

67122 野
30~客叢書 附錄野老紀聞 356
44~菜博錄 300

67164 路
40（康熙）~南州志 235
50~史 97

67727 鶡
37~冠子 347

67782 歇
44~菴集 532

67827 鄖
10（乾隆）~西縣志 220

68021 喻
44~林 385

68027 吟
00~齋筆存 718
20~香堂曲譜長生殿 牡丹亭 775

68046 啽
64~囈集 488

68057 晦
00~庵先生朱文公文集 續集 別集 476

68327 黔
40（乾隆）~南識略 （道光）黔南識方紀略 234
76（乾隆）~陽縣志 223
90~省苗族風俗圖解 240

7

7021₄ 雅

10~雨堂叢書 957
30~宜山人集 513
47~趣藏書 753
90~尚齋遵生八箋 365

7022₁ 隋

90~堂摘稿 516

7064₁ 辟

11~疆園杜詩註解五言律七言律 442

7071₇ 甓

37~湖聯吟集 699
~湖草堂文集 近詩 近集 570
88~餘雜集 512

歷

23~代詩話 考索 711
~代詩家初集 二集 姓氏 658
~代名儒名臣循吏傳 111
~代名臣奏議 104
（御定）~代紀事年表 91
（新編）~代草書韻海 334
~代相臣傳 110
~代史表 78
~代史略鼓兒詞 765
~代史纂左編 125
~代賦鈔 662
~代臣鑒 110
~代小史 890
~代小史摘編 368
24~科後場鳴悦 689
43（崇禎）~城縣志 168
47~朝詩選簡金集 661
~朝名媛詩詞 661
~朝忠義彙編 111
（新鐫）~朝捷錄增定全編大成 270
~朝捷錄 元朝捷錄 國朝捷錄 270
（重刻）~朝捷錄 269
~朝賦格三集 662
~朝今體詩錄 661

7121₁ 阮

00~亭詩餘略 742
~亭選古詩 655

隴

10~西二家詩鈔 疊缶集 701
32（康熙）~州志 164

7122₀ 阿

00~文成公年譜 119

7123₂ 辰

32（乾隆）~州府志 224

7124₄ 腰

10~雪堂詩集 558

7126₉ 曆

50~書 324

75~體略 323

71286 願

77~學齋小品 610

71296 原

50~本茶經 續茶經 附錄 346

71311 驪

15~珠集 690

71327 馬

10~玉崑等奏稿 108
44~恭敏集 517
50~東田漫稿 504
60(康熙)~邑縣誌 150

71717 甌

30(康熙)~寧縣志 206

71732 長

12~水先生文抄 528
17(康熙)~子縣志 155
22(康熙)~山縣志 170
(康熙)~樂縣志 226
25~生殿傳奇 762
30(咸豐)~寧縣志 204
(康熙)~安縣志 161
31~江集 附錄 456
~河志籍考 169
32(乾隆)~洲縣志 178
(康熙)~洲縣志摘要 178
39(乾隆)~沙府志 221
44~蘆鹽法志 257
50(乾隆)~泰縣志 208
77~留集 648
(乾隆)~興縣志 190

72100 劉

00~文烈公全集 541
~文成公全集 493
17~子文心雕龍 劉子文心雕龍註 713
~子威禪悅小草 518
21~須溪先生記鈔 484
30~賓客詩集 453
31~河間傷寒三書 311
33~涓子鬼遺方 319
40~大司成文集 531
48~槎翁先生文集 495
~槎翁先生詩選 495
74~隨州詩集 436
88~攽貢父詩話 715

72101 丘

38~海二公文集合編 646
57~邦士文集 551

72217 巵

44~林 358

72232 脈

05~訣彙辯 310
~訣彙編說統 經絡彙編 310
07(寶顏堂訂正)~望 310
~望館書目 261
77~貫 310

72237 隱

52~拙齋文鈔 詞科試卷 590

72740 氏

08~族博考 122

7277₂ 岳

20～集 475
32（乾隆）～州府志 221
50～忠武王文集 475
67～鄂王金陀粹編 續編 岳鄂王金陀續編 117
76～陽紀勝彙編 704
（雍正）～陽縣誌 157

7280₁ 兵

87～錄 296

7280₆ 質

00～言 42
60～園詩集 585

7370₀ 卧

01～龍崗志 249
～龍山人集 563

7412₇ 助

30～字辨略 55

7421₄ 陸

08～放翁全集 1019
10～雲士雜著五種 1038
17～子學譜 293
22（乾隆）～豐縣志 227
23～稼書先生年譜定本 119
25～生口譜 390
27～魯望先生笠澤叢書 457
30（唐）～宣公文集 445
（唐）～宣公集 445
（唐）～宣公翰苑集 445
（乾隆）～涼州志 235
40～士衡集 430
90～堂文集 580

7423₂ 隨

10～五草 586
27～緣集雜著 尺牘 源流詩偈 581
32（乾隆）～州志 221
55～輦集 567
60～園詩話 717
～園詩草 禪家公案頌 597

7423₈ 陜

10（嘉靖）～西通志 161

7424₇ 陂

77～門山人集 515

陵

12（乾隆）～水縣志 231
22（乾隆）～川縣志 156

7425₃ 臓

70～腑證治圖說人鏡經 310

7529₆ 陳

00～文忠公遺集 537
10～一齋全集 1045
～元凱先生文集 535
22～後主集 433
26～白陽集 詩餘 雜述 附錄 525
30～定宇先生文集 別集 487
40～太史昭代經濟言 688
44～恭介公文集 附錄 523
48～檢討集 564
50～忠裕全集 年譜 542
～書 82

60~思王集 430
67~明卿先生評選古今文統 668
77~同甫集 481
~眉公吳寧野精校青蓮露六牋 1025
~學士文集 579
（康熙）~留縣志 211
80（新刻）~養晦先生傷寒五法 311

76227 陽

00（雍正）~高縣志 149
22~山誌 241
~山顧氏文房小說 876
30~宅吾說篇 326
37（乾隆）~湖縣志 182
43（康熙）~城縣志 155
55（康熙）~曲縣志 148
67~明先生文粹 507
~明先生要書 507
~明先生集要 1021
~明先生集要經濟編 附年譜 105
80（康熙）~谷縣志 176
87（道光）~朔縣志 229

76233 隰

32（康熙）~州志 158

77100 且

00~亭詩 552

77136 閩

90（欽定四庫全書）~小記 552

77210 風

28~俗通儀 350
30~穴志略 250
70~雅遺音 24
77~月堂詩話 714

鳳

22（康熙）~山縣志 210
34~池園詩集 文集 563
~池吟稿 493
77~凰池 726
87（雍正）~翔縣志 163

77214 隆

10~平集 101
60（乾隆）~昌縣志 233

77216 閱

28~微草堂筆記 374

覺

44~世名言 719

77217 肥

27（雍正）~鄉縣志 145

77220 同

00（欽定）~文韻統 66
30~安林次崖先生文集 512
（乾隆）~安縣志 205
32（乾隆）~州府志 162
47~聲集 691

周

00~廣菴詩集 569
~文歸 672
~衣亭譚易 望溪集 18
20~季平先生青藜館集 532
35~禮 25

~禮註疏 25
~禮註疏刪翼 25
~禮三註粹抄 26
~禮淪義 26
~禮全經集　周禮通論
周禮傳敘論 25
44~恭節公集　周恭節公年
譜　明史本傳 106
48~翰林近光集　紀行詩 489
50~忠介公爐餘集　年譜
附錄 536
~書 83
~秦兩漢文選 665
60~易 13
~易雜論精義 15
~易函書約存　約註　別
集 18
~易經傳 15
~易象義　附讀易法 16
~易淺義 18
~易來注 15
~易本易啓蒙通刊 18
~易本義　易圖　五贊
筮儀 13
（御纂）~易折中 17
~易揆 16
~易會歸 18
76~髀算經 323
80~益文忠公集　年譜 477
94~慎齋先生三書 317

月

26~泉吟社 681
~泉吟社詩 681
80~令輯要 128

陶

04~詩集注　東坡和陶詩 432
~詩衍 432
05~靖節詩集　東坡和陶詩 431
~靖節集　總論　附錄 430
~靖節集　蘇東坡和陶詩
附錄 431
10~石簣精選蘇長公合作 471
25（增補）~朱公致富奇書 300
32~淵明集　和陶詩 432
44~菴詩集　文集　吾師錄 542
72~隱居重定甘氏巫氏石氏
星經 323
77~學士先生文集　事蹟 494
80~人心語　可姬小傳 587
88~節庵傷寒全生集 311

7722₂ 膠

32（乾隆）~州志 172

7722₇ 閒

50~青堂詩集　附錄 578
95~情偶寄 370

7724₁ 屏

40（乾隆）~南縣志 206

7725₃ 犀

71~厓文集　後集 581

7726₄ 居

30~濟一得 248
~家必用事類全集 365
32~業齋詩鈔　文稿　別集 569
60~易堂稿 578

屠

32~漸山蘭暉堂集 515

7726_7 眉

80~公先生晚香堂小品　539

7727_2 屈

71~原賦　通釋　音義　429
80~翁山詩集　詞　559

7728_2 欣

90~賞集　986

7736_4 駱

01（重訂）~龍吉内經拾遺方論　314
17（新刊）~子集註　記駱賓王遺事　434
78~臨海集　434

7740_1 聞

49~妙香室詞鈔　743
60~見瓣香錄　355
~見錄　103

7740_7 學

20~統　114
35~津討原　970
40~古齋集　雜文　503
~古編　閒居錄　339
44~范　290
56~規類編　292
80~益編　668

7744_0 丹

32（新刊）~溪先生心法　315
40~臺玉案　317
87~鉛總錄　357

册

00~府元龜　378

7744_1 開

10~元占經　326
~元釋教錄　略出　續古今譯經圖記　古今譯經圖記　397
（道光）~平縣志　227

7760_1 醫

00~方考　脈語　316
08~説　314
10~要集覽　305
13~碥　318
21~經原旨　308
30~宗説約　318
（御纂）~宗金鑑　318
44~林繩墨大全　318
~林指月　306
77（京板校正大字）~學正傳　315
~學綱目　315
~學窮源集　318
~學階梯　318
（新刻汪先生家藏）~學原理　315
（編註）~學入門　316
~貫　317
80（刻）~無閭子醫貫　附增補醫貫奇方　窮鄉便方　317
92~燈續焰　310

7760_7 闔

23（三立堂新編）~外春秋　112

7771$_7$ 巴

62（乾隆）~縣志 231

黽

07~記 289

7772$_0$ 即

17~子集 559
60（乾隆）~墨縣志 172

印

00~文考略 340
28~徵 268
34~選 268

7772$_7$ 鄖

43（順治）~城縣志 214

7773$_2$ 艮

00~齋先生薛常州浪語集 479

7777$_2$ 關

17~尹子 423
70~雅 701

7778$_2$ 歐

76~陽文忠公文鈔 464
~陽文忠公新唐書抄 五代史抄 128
（新刊）~陽文忠公集 463
~陽文忠公集 附錄 年譜 463
~陽文忠公全集 附錄 年譜 本傳 464
（唐）~陽先生文集 附錄 447
~陽先生文粹 遺粹 464
~陽恭簡公遺集 510

7780$_1$ 興

22（萬曆）~化縣志 183
30（道光）~安縣志 202
32（乾隆）~業縣志 230

7780$_6$ 貫

44~華堂選批唐才子詩甲集 七言律 677

7780$_7$ 尺

10~五堂詩刪初刻 近刻 561
24~牘雋言 671
~牘清裁 補遺 671

7790$_4$ 桑

40~梓之遺書畫册目錄 336

7810$_7$ 鹽

18~政志 257
43（乾隆）~城縣志 185
83~鐵論 281

7823$_1$ 陰

71~騭文圖說 性天眞境 慾海慈航 御虛階功過格 370
76~陽五要奇書 328

7834$_1$ 駢

30（御定）~字類編 393
44~枝別集 540

7876$_6$ 臨

02~證指南醫案 318

13（康熙）~武縣志 222
22~川文選 541
（新刻）~川王介甫先生詩文集 事略 466
~川先生文集 466
30（雍正）~漳縣志 146
32（康熙）~洮府志 165
（康熙）~淄縣志 168
38（萬曆）~汾縣志 156
67~野堂文集 詩集 詩餘 尺牘 566

7922_7 騰

88~笑集 565

7923_1 賸

20~香館詞鈔 743

7923_2 滕

62（康熙）~縣志 175

8

8000_0 人

27~物通考 111
~物志 350
71（御製）~臣儆心錄 291

8000_0 八

08~旗滿州氏族通譜 121
~旗通志初集 258
23~代文鈔 622
~代詩乘 吳詩 總錄 補遺 656
~代四六全書 666
27~旬萬壽盛典 257
30~家詩選 648
40~乂集 456
77（弘治）~閩通誌 205

8010_4 全

00~唐詩 677
（欽定）~唐文 681
~唐詩鈔 補遺 詩人爵里節畧 680
~唐風雅 唐詩人姓字爵里 676
10~五代詩 五代帝王廟諡年諱譜 補遺 659
47（康熙）~椒縣志 197

8010_7 益

00~齋詩稿 文稿 607
47（康熙）~都縣志 171

8010_9 金

04~詩選 683
10~石文字記 264
~石三例 718
~石例 718
~石補編目錄 264
~石存 264
~石萃編 264
~石著錄攷 266
~石錄 263
22~山集 241
~山志 241
27（乾隆）~鄉縣志 175
31~源紀事詩 605
36~湯借箸 296
44~蘭集 金蘭續集 畊漁軒遺書 685

~華文徵　702
~華詩錄　外集　別集
書後　702
~華理學粹編　附履齋府
君行述　294
（康熙）~華縣志書　193
47~聲玉振集　884
48~鰲退食筆記　249
60~罍子上篇　中篇　下篇　352
71（乾隆）~匱縣志　181
72~剛經纂要刊定記　397
~剛經纂要刊定記　附音
釋　406
~剛般若經疏論纂要　397
~剛般若波羅密經　402
74~陵瑣事　續　二續　239
~陵名勝　239
~陵梵刹志　250
~陵四十八景圖　249
77~丹正理大全　421
81（新刻繡像批評）~瓶梅　725
90~光明經　404

8011₄　鐘

22~鼎字源　265

8011₆　鏡

33~心樓集　補遺　附錄　538

8020₇　今

00~文大篇　692
~言　102
07~詞初集　745
40~有堂詩集　後集　茗柯
詞　578
~古奇觀　719

8021₁　乍

33（乾隆）~浦志　189

8022₀　介

10~石堂集三種　1042
22~山記　762
~山自訂年譜　119
24（康熙）~休縣志　153
（乾隆）~休縣志　153
26~和堂集　補遺　附錄　563

8022₁　俞

32~漸川集　551

前

34~漢書　78

8022₇　分

10~干詩鈔　581
30（道光）~宜縣志　203
44~甘餘話　354
91~類字錦　392
~類補註李太白詩　437
~類補註李太白詩　分類
編次李太白文　437

剪

29~綃集　483

8025₁　舞

76（乾隆）~陽縣志　215

8033₁　無

41（康熙重修）~極志　137
44~夢園初集　540
47~聲詩史　336

86（康熙）~錫縣志　181
（乾隆）~錫縣志　181
~如　374
98~悔齋集　586

8033₂　念

44~菴羅先生集　515

8033₃　慈

28（天啓）~谿縣誌　191
（雍正）~谿縣志　191
32~溪黄氏日抄分類　286
~溪黄氏日抄分類　古今紀要　286
37~湖先生遺書抄　479

8033₇　兼

30~濟堂文集選　年譜　552
~濟堂詩集　文集　552

8034₆　尊

12~水園集　補遺　544
25~生圖要　322

8040₀　午

00~亭文編　557
44~夢堂集　708

8040₄　姜

26~白石詩詞合集　附錄　482

8043₀　矢

00~音集　蕉屏書屋詩文覆瓿集　584

8044₆　弇

32~州山人續稿　520
~州山人四部稿　520
~州山人四部稿選　520

8055₃　義

27（康熙）~烏縣志　194
30（道光）~寧州志　202
44~黄神業　318
77~門讀書記　359
80~倉圖　258

8060₁　合

04~諸名家點評諸子鴻藻　369
12（乾隆）~水縣誌　166
31（嘉慶）~江縣志　233
77（康熙）~肥縣志　195

普

00~度新聲救苦寶卷　771
30~濟本事方　314
（乾隆）~寧縣志　227
67~明如來無爲了義寶卷　770
77~門醫品　補遺　317

8060₅　善

24（乾隆）~化縣志　221
27~名堂詩集　534
55~慧大士傳錄　408
90~卷堂集　集外文　569
~卷堂四六　569

8060₆　會

23~稽三賦　239
（萬曆）~稽縣志　192
（康熙）~稽縣志　192
27~侯先生文鈔　557
30（道光）~寧縣志　165

80607 含

17~翠軒印存 340
60~星集 559

80608 谷

00~齋集 591

80730 公

60~是集 461
80~羊傳　穀梁傳 31

80732 食

27~物本草會纂 309

養

44~蒙圖說 289
50~素堂集外稿 554

80772 缶

67~鳴集 495

81117 鉅

00~鹿東觀集 458
67（康熙）~野縣志 176

81146 鐔

35~津文集 459

82114 鍾

23~台先生文集　附錄 528

83150 鐵

10~面道人墨松畫册 338
11~琴銅劍樓集古印譜 268
22~崖文集　附錄 491
~崖樂府註　詠史註　逸編註 491
（康熙）~嶺縣志 161
27~網珊瑚 330
~網珊瑚書品　畫品 330

83153 錢

40（康熙）~塘縣志 186
47~磬室雜錄 352
72~氏四先生集 710
~氏小兒直訣 320
~氏小兒藥證直訣　附方　董氏小兒斑疹備急方論 320

83760 飴

22~山詩集　文集　附錄 566
~山全集 1050

83777 館

06~課存藁 596
77~閣絲綸 579

84100 針

27~灸大成 322

84141 鑄

10~雪齋集　冰壑詩選　詞選 587

84181 鎮

30（乾隆）~安縣志 163
31（乾隆）~江府志 181
38（乾隆）~洋縣志 179
（乾隆）~海縣志 191

84711 饒

10（康熙）~平縣志 226
76（順治）~陽縣後志 143

八四九○·一八八一○八　斜鈍錦鐸知智銅銀鍥歆朔鄭舒飲劍笙篁笠（三六—八○）

8490₀ 斜

22~川詩集　474

　~川集　附錄　訂誤　473

8511₇ 鈍

68~吟全集　545

80~翁全集　1037

8612₇ 錦

25~繡萬花谷前集　後集　續集　379

8614₁ 鐸

00~言　鏗爾集　356

8640₀ 知

02~新錄　358

8660₀ 智

50~囊補　368

8712₀ 銅

22（乾隆）~山縣志　186

44~鼓書堂遺稿　602

74（乾隆）~陵縣志　195

80~人徐氏鍼灸合刻　322

　（新刊）~人鍼灸經　322

8713₂ 銀

31~河槎　327

8713₄ 鍥

40~南華眞經三註大全　420

8718₂ 歆

62（康熙）~縣志　199

（乾隆）~縣志　200

8742₀ 朔

10（雍正）~平府志　149

32（雍正）~州志　150

44~埜山人集　516

8742₇ 鄭

22~山齋先生文集　506

32（康熙）~州志　210

　（乾隆）~州志　210

50~忠愍公北山文集　附錄　476

90~堂讀書記　261

8762₂ 舒

43（嘉慶）~城縣志　197

65~嘯閣詩鈔　586

8778₂ 飲

80~食須知　345

8782₀ 劍

40~南詩稿　479

　~南詩鈔　480

44~花龕詩影　詩餘　608

8810₄ 笙

70~雅堂全集　1050

篁

48~墩程先生文集　502

8810₈ 笠

36（重刊校正）~澤叢書　補遺詩　457

　~澤叢書　補遺　續補遺　457

80~翁一家言全集　548

~翁傳奇 759

筮

43~杙　續筮杙 327

8811₇ 鑑

01~語經世編 270

8812₇ 筠

00~廊偶筆 366

8816₄ 簃

44~村詩全集 583

8822₀ 竹

00~齋詩餘 741
~齋先生詩集 480
32~洲文集　附錄 476
43~垞文類 564
44~苞集 689
50~書紀年集證 86
~素園詩鈔 580
65~嘯軒詩鈔 592
66~嚴詩草 597
~嚴集　補遺　附錄 501
77~居詩集 497
~間詩話 718
88~箭編 527
97~懶畫滕 337

8822₇ 簡

10~平子集　補遺 540
21~便類選 689

8823₂ 篆

00（欽定）~文六經四書 1
02~刻鍼度 340

30~字彙 60

8832₇ 篤

50~素堂文集　詩集 561

8843₀ 笑

24~贊 374

8850₃ 箋

00~註唐賢三體詩法 674
~註唐賢絕句三體詩法 674

8850₇ 筆

32~叢　續 353

8851₂ 範

21~行恆言 291
30~家集畧　範身集畧 292

8854₁ 籜

10~石齋詩集 594

8856₂ 籀

50~史 263

8864₁ 籌

38~海圖編 240

8871₃ 篋

21~衍集 690

8872₇ 節

44~孝先生文集　節孝先生語　節孝集事實　附載 463
80~義錄 115

8877₇ 管

17～子 298
～子権 298
30～窺輯要 323
32～涔集 539
43～城碩記 359
44～韓合刻 298

8879_4 餘

27～冬序錄　閏集 352
60～園詩鈔 577
～園古今體詩精選 549

8890_3 繁

60（康熙）～昌縣志 199
（乾隆）～昌縣志 199

8912_7 銷

10～夏錄舊 986
26～釋歸依弘陽覺願中華妙道玄慔眞經 770
～釋般若心經寶卷 773
～釋混元弘陽大法祖明經 772
～釋混元無上大道玄妙眞經 772
～釋混元無上拔罪救苦眞經 774
～釋混元無上普化慈悲眞經 772
～釋大乘寶卷 770
～釋木人開山寶卷 769
～釋圓通寶卷 770
～釋圓覺寶卷 770
～釋顯性寶卷 770
～釋開宗寶卷 774
～釋印空實際寶卷 771
～釋金剛科儀 773

9

9000_0 小

00～癡遺稿 606
10～石山房墜簡拾遺 985
～石林詩集　二集　古文　文外 586
22～山詩後藁 586
～山詩鈔 584
～山類藁選　輯略 512
～稱集 595
30～安樂窩詩鈔 599
～窗自紀　艷紀　清紀　別紀 374
～窗清紀 369
38～海場新志 185
～滄浪筆談 371
40～十三經 875
47～桐廬詩草 602
77～學史斷 269
～學紺珠 383
80～倉山房文集 591
～倉山房文集　詩集　外集 591
～谷口著述緣起 263

9003_2 懷

00（順治）～慶府志 212
17（康熙）～柔縣新志 132
20（乾隆）～集縣志 228
21（萬曆）～仁縣志 149
30（乾隆）～安縣志 138
35～清堂集　文光果倡和詩 570
40（康熙）～來縣志 137
44～麓堂詩稿　詩後稿　文 502

稿　文後稿　續後稿

9020₀　少

17~司空主一徐公奏議 105
22~嶽詩集 526
28~微通鑑節要 87
30~室山房全稿 1025
~室山房筆叢正集　續集 353
37~湖先生文集 513
44~村漫稿 517

9021₁　光

22（乾隆）~山縣志 217
32（乾隆）~州志　附志餘 216

9022₇　尚

08~論編 269
40~友叢書 935
~友錄 389
50~史 78
~書 19
~書註疏 19
~書口義 21
~書亼注音疏　外編　經師系表 21

常

04（嘉靖）~熟縣志 179
（康熙）~熟縣志 179
22（嘉慶）~山縣志 194
67（乾隆）~昭合志 180

9043₀　尖

76~陽叢筆 355

9050₀　半

10~霞樓近詩 594
20~舫齋編年詩 585
~舫齋古文 585
22~山藏稿 521
31~江趙先生文集　附錄 504

9050₂　掌

50~中珠 319
87~錄 369

9060₂　省

55~耕詩圖 590

9080₀　火

01~龍經 296
23~戲略 259

9080₆　賞

40~奇軒合編 338
~奇堂尺牘 671

9090₄　棠

37~湖詩藁 483
74~陵文集 510

9090₄　米

10~元章書史　畫史 333

9106₁　悟

21~眞篇正集　續集　外集 423

9148₆　類

00~音 66
21~經　圖翼　附翼 308
43~博稿　附錄 500
44~林新詠 392
50~書纂要 390
88~篇 57

92064 恬

80~養齋砭語 365

92500 判

44~花軒唫稿 609

93060 怡

93~怡堂圍碁新譜 343

94061 惜

80~分軒詩鈔 601

94081 慎

00~言 雅述 288
28~修堂集 519

95014 性

16~理群書集覽大全 287
~理大全書 287
~理標題彙要 289
（新鐫）~理節要 289
（御纂）~理精義 293
88~餘堂集 536

95027 情

44~夢柝 726

95030 快

10~雪堂集 530
33~心編初集 二集 三集 726

96014 惺

00~齋新曲 760

96832 煨

44~芋巖詩存 605
~芋巖居文稿 605

97061 憎

60~园集 562

97256 輝

62（乾隆）~縣志 212

97812 炮

27~炙大法 附用藥凡例 317

97820 爛

41~柯山志 243

97827 郯

43（乾隆）~城縣志 173

98016 悅

00~亭詩稿初集 595
10~雲山房初存文集 詩集 詞集 608

98057 悔

20~稿 478

98840 燉

96~煌石室經卷 396

99232 滎

76（乾隆）~陽縣志 210

著者姓名索引

0

0010$_4$ 童

17~珮 527
94~煒 187

0021$_1$ 龐

42~塏 566

0021$_7$ 亢

60~思謙 519

0022$_2$ 彥

14~琪 407

廖

44~燕 567
77~用賢 389
79~騰煃 200

0022$_3$ 齊

17~召南 246
50~東野人 723

0022$_7$ 方

00~立經 141
~豪 510
10~于魯 344
345
18~棨如 576
21~虛名 420
28~以智 358
30~良永 506
34~汝浩 727
40~士模 154
~有執 311
~嘉發 166
43~式濟 327
44~孝孺 498
~苞 52
279
577
1040
~世舉 450
46~觀承 250
258
704
705
47~穀 318
50~中履 359
~東樹 360
60~回 656
77~履錢 208

席

27~紹葆 224
38~啓寓 633
44~芬 223

~芑 196

高

01~龍光 181
02~誘 348
03~斌 587
10~正臣 673
~天鳳 132
~晉 256
257
11~珩 550
12~登先 192
~聯捷 218
20~嵣 621
1044
22~岑 588
~出 534
27~綱 588
28~以本 203
~似孫 356
30~濂 365
~宇泰 190
32~兆煌 216
33~必大 137
34~汝栻 93
38~啓 495
496
40~士奇 37
249
332
363
567
~士鷀 179
~塘 689
694
42~棅 675
44~基 142
~攀桂 229
~其倬 572
45~棟 675
53~成美 184
60~國楹 188
67~明 761
77~鳳翰 336
~鵬年 364
84~鉷 156
86~錫 165

商

27~盤 585
31~濬 898
45~鞅 299
57~輅 88
500

00230 卞

21~穎 171

00231 應

14~劭 350

00232 康

17~乃心 568
21~行儞 163
38~海 507
508
40~有爲 28
40
41
295
610
50~奉轂 608
80~善述 228

0023_7 庚

20~信 433

0026_7 唐

01~龍 510
08~詮 607
20~秉鈞 344
21~順之 125
384
515
664
665
22~彪 716
24~贊袞 239
25~仲友 378
30~寅 337
507
~宗堯 225
34~汝詢 676
38~淦 343
40~大烈 319
44~英 587
703
~世延 368
47~鶴徵 16
~執玉 136
60~晟 213
64~時升 542
94~慎微 308

0028_6 廣

38~裕 236

0029_4 麻

10~三衡 345

0040_0 文

10~天祥 483
24~德翼 541
28~徵明 322
513
32~兆奭 212
87~翔鳳 1023

0040_1 辛

00~竟可 206
~文房 112
~棄疾 101
102
81~鈃 422

0040_6 章

12~弘 176
21~經 154
33~黼 64
34~潢 385
40~大吉 33
~樵 653
44~藻功 576
~薇 661
~懋 503
46~如愚 380
80~美中 440
~曾印 180

0041_4 離

86~知 398

0073_2 玄

00~應 411
24~奘 397
402

0512₇ 靖

34~邁 397

0742₇ 郭

05~諫臣 523
10~正域 26
~天錫 119
12~琇 108
180
~璞 53
54
244
373
~廷序 518
~廷弼 133
17~子章 243
21~師泰 1015
27~象 419
28~倫 82
30~良翰 111
256
~實 162
34~造卿 527
40~志邃 313
44~茂倩 654
655
~茂泰 219
47~起元 185
1042
50~忠恕 57
82~鍾儒 703

0821₂ 施

02~端教 677
04~護 395
13~琅 97
14~耐庵 724
20~重光 676
21~仁 384
27~紹莘 764
37~鴻 566
44~葆生 249
~世綸 580
77~閏章 172
553

0864₀ 許

00~應元 516
08~論 240
10~三禮 189
12~廷鑅 580
17~承祖 597
20~維楨 144
21~順義 17
~衡 487
1019
24~勉燉 211
25~仲琳 728
26~自昌 374
637
27~叔微 314
28~以忠 688
30~之吉 389
~容 164
~宗魯 274
32~兆熊 1017
35~清胤 668
37~渾 454
38~啓洪 543
40~培文 33
~有穀 109
44~炎 214
45~楩 670

46~相卿 79
60~國 524
77~隆遠 137
94~慎 55
56

0968_9 談
80~金章 321

1

1000_0 一
22~山氏 126

1010_3 玉
27~峰道人 287

1010_4 王
00~充 349
~育標 138
~應麟 181
323
356
357
382
383
~應奎 355
698
~應電 26
~康 168
~廉言 232
~慶雲 356
~文治 581
596
~文驤 227
~奕清 747
775
~襄 1051
02~訢 144
~新命 177
03~斌如 575
04~勍 219
~謀文 153
10~三聘 384
~三接 521
~正祥 774
~玉麟 28
~玉樹 56
~元文 604
~元勲 689
~元翰 107
~爾綱 686
~爾鑑 231
~天秀 175
~可大 385
11~頊齡 20
12~廷相 288
508
1021
~廷燦 119
553
~廷曾 194
~延棟 198
14~琦 306
~珙 497
15~建中 145
16~琨 537
17~弼 417
418
~柔 108
18~璲 499
~政 142

~瑀	577
20~禹偁	101
	458
~隼	704
~維	435
	436
~維楨	517
~維屏	220
21~步青	582
~衡	534
~肯堂	303
	311
	318
	353
~熊飛	199
~偕	492
22~畿	289
	516
~崇慶	509
~崇綬	695
~崇簡	545
~綬	152
23~允謙	181
~峻	79
	583
24~化貞	317
~幼學	87
27~象春	536
~象晉	346
	536
~翺	364
~奐曾	564
~叔和	310
~叔果	521
~穉登	527
28~以悟	536
~復禮	244
30~宜亨	184
~寵	246
	513
~家屏	528
~之正	227
~之樞	91
	92
~守誠	146
~守仁	105
	507
	1021
~安石	466
	674
~定保	362
~實堅	706
~宗稷	118
31~源	31
	33
	716
32~兆僖	234
~兆芳	117
~兆鰲	163
~澄思	586
~澎	334
	335
~冰	307
~巡泰	230
33~溥	254
~治國	193
~黻	264
	265
34~澍	21
~禕	494
36~昶	264
	594
	696
37~鴻緒	562

	610
~都	116
~樨登	251
48~鏊	180
	503
	504
	672
~乾章	687
~翰	490
~教	529
50~聿觀	336
~申子	15
~夫之	49
~肅	279
	280
~春藻	223
51~振綱	609
59~掞	36
	37
60~口	364
~日翼	139
~日休	397
~國安	186
~昊	552
~昌會	715
61~晫	669
	936
~顯緒	108
64~時濟	531
~時來	176
~時翔	586
~時炯	150
66~賜魁	212
67~鳴鶴	296
~明敖	380
~鳴盛	596
71~鷟	117
	554
~辰	552
~原祁	256
~檃	243
77~同祖	513
~又樸	119
	582
~譽昌	559
~譽命	230
~問	517
~艮	513
~賢	310
80~人雄	137
~全臣	167
~鎬	181
~令	376
~善寶	605
~命岳	555
~公楷	145
81~鑨	545
83~鉞	1032
86~錦	180
	229
~錫璁	141
~錫爵	523
	689
~鐸	544
87~欽若	378
88~符	283
~餘佑	551
90~光燮	145
~尚儒	766
	767
	768
~尚絅	508
~尚果	328
~常	267

一〇一〇四—一〇四〇。王(九〇—九九)亖五靈疏聶丁元夏于(〇八—四四)

~炎 478
~棠 358
92~憕 195
94~慎中 514
99~縈緒 234

10106 亖
30~良耶舍 397
416

10107 五
47~格 183

10108 靈
97~耀 581

10113 疏
88~簋 190

10141 聶
22~崇義 28
24~先 737
40~燾 163

10200 丁
12~廷楗 199
30~永琪 215
~寶義 708
34~汝昌 297
35~漣 233
40~有曾 66
47~鶴年 490
50~奉 509
67~嗣徵 567
90~惟暄 539

10211 元
10~玉 558
16~璟 574
20~信 411
24~結 444
30~濟 410
47~好問 485
674
675
683
742

10247 夏
00~庭芝 113
~文彥 336
~言 106
511
512
28~綸 760
761
30~之芳 112
~之蓉 585
34~洪基 935
40~力恕 582
44~樹芳 386
536
61~顯煜 145
71~原吉 499
76~駰 102
87~鋘 505

10400 于
08~謙 499
27~豹文 594
28~作新 183
30~準 293
40~士祐 609
44~若瀛 531

47~柳橋 609
53~成龍 107
135
77~覺世 422
~朋舉 391
~學 227
88~敏中 261
590
90~光琛 116
~光華 652
94~慎行 528

10430 天

44~花才子 726
~花藏主人 728

10600 石

00~文器 537
25~傑 185
33~梁 334
44~林鳳 701
46~韞玉 1045
53~成之 197
60~昆玉 535
77~同福 743
80~介 459
87~鈞 602

10600 西

00~方子 322
77~周生 726

10601 吾

77~邱衍 339

10603 雷

14~琳 663
35~禮 113
123

10648 醉

44~花使者 343

10731 雲

40~志高 342

10806 貢

10~震 197
21~師泰 489

賈

03~誼 281
10~三近 666
27~凫錫 765
~島 456
30~永 340
~宏文 161
34~漢復 210
60~思勰 300
67~暉 195

11114 班

60~固 78
79
349

11117 甄

10~爾節 156
34~汝舟 214

11186 項

01~龍章 155
10~元淇 526
24~德楨 118

30~安世 478
~家達 627
42~斯 454

1123_2 張

00~充國 138
~彥遠 332
~方湛 52
~庚 336
~廣泗 234
~賡謨 232
~文嘉 292
~文範 173
~衮 512
07~詡 505
08~敦實 326
10~三異 191
~玉書 60
391
557
660
~五典 599
~爾岐 37
549
~爾介 165
~天如 224
~雲璈 652
~雲錦 598
~霖 224
11~璿 221
12~聯元 243
~弘運 186
~廷玉 255
256
693
~廷濟 264
~廷福 166
13~瑄 47
14~琦 205
~瓚 188
16~聰 174
17~丑 331
~璐 309
~予介 179
~豫章 659
18~敔 339
20~孚敬 104
512
~采 672
~秉政 226
~維新 242
21~能鱗 291
~虎士 707
~貞 560
~貞生 1037
~紫強 318
22~鑾 321
~鼎新 216
~崇德 149
23~俊哲 211
24~德盛 183
25~繡中 204
26~自烈 60
~自超 37
~伯端 423
~伯行 248
292
293
659
945
~伯起 525
~皇輔 194
27~佩芳 200
~象燦 140

~叡 318
28~以忠 668
30~寧 502
~之象 64
675
~憲 490
~宇初 497
~實斗 213
~宗法 301
~宗芝 691
~宗橚 747
31~福臻 104
32~遜業 630
33~溥 17
541
611
~治 512
~溶 228
34~澍 203
~汝瑚 647
~沐 12
35~禮 251
~連登 171
36~遇 566
37~潮 375
569
694
942
38~海 196
~海鵬 970
979
~洽 35
~祥河 969
~道南 220
40~九齡 434
~九鐔 1050
~大純 239
~大成 223
~士俊 53
~士保 356
~士浩 156
~士範 200
~奎祥 162
~坊 148
157
~墉 126
~希傑 587
~希良 247
~有 57
~嘉穎 237
~右民 547
~吉 505
~奇抱 184
41~楷 195
218
42~機 312
43~載 283
472
~栻 480
~榕端 563
44~萱 363
~藻 597
~懋 94
~懋建 208
~孝詩 230
~萬青 174
~英 292
391
561
~世燾 695
~世則 110
~楚叔 764
~權時 44
46~坦熊 193

47~鶴騰 151
~聲遠 222
~朝琮 135
48~松孫 232
~松源 327
50~書紳 727
53~輔 94
~輔之 106
~成教 519
57~邦奇 509
~擬 343
60~國維 248
~四科 742
~四知 270
~杲 314
64~時徹 315
514
67~照 761
72~岳 512
77~堅 761
~鳳孫 206
~鵬翀 584
~鵬翮 116
174
247
~履祥 1026
~履恒 746
~居正 110
519
520
~學舉 596
80~介賓 308
318
~金吾 262
~金城 167
~鐘秀 159
~毓碧 235
~合 936
~含 637
~養浩 486
83~鉞 210
216
88~符升 595
~符驤 562
~簣山 294
~敘 39
90~尚媛 34
~炎 741
96~煌言 542
97~耀會 201
99~燮 251

1164_0 研

10~石山樵 723

1173_2 裴

10~天錫 218

1212_7 瑞

28~徵 222

1223_0 弘

67~瞻 33
71~曆 293
332
588
589
661
669
691
692

1240_1 延

40~壽 407

1241$_0$ 孔

00~廣棣 145
~文仲 704
22~繼涵 962
24~鮒 281
30~安國 19
38
60~晁 98
80~毓圻 257
81~鎃 599
90~尚任 648
760

1249$_3$ 孫

00~高亮 725
~應瑞 689
~文胤 317
09~讜 699
10~一元 509
~玉甲 596
~元相 237
~天寧 231
12~廷銓 242
270
1027
13~琮 670
17~承澤 40
293
331
355
~承祖 204
~承宗 535
21~衍 170
22~繼皐 529
~繼宗 94
23~傳庭 538
24~緒 384
26~和相 211
30~之騄 49
103
~寶 342
~宗彝 553
31~馮翼 279
605
37~過庭 332
~逢吉 378
39~淡英 583
40~大焜 208
~士毅 595
~奇逢 21
42
~樵 456
44~范 96
~蕙 226
~枝蔚 559
46~覿 475
~如蘭 268
60~思邈 313
314
63~默 740
72~岳頒 338
77~鳳鳴 133
~居相 169
80~鑛 33
331
83~鈜 690
97~炯 366

1314$_0$ 武

21~占熊 223

1710$_7$ 孟

07~郊 453

22~繼坤 365
27~紹虞 537
34~浩然 436
87~鏐 212

1712₇ 鄧

10~元錫 77
84
525
~霽 18
11~珂 285
13~球 255
28~以讚 528
30~永芳 163
~憲璋 151
34~漢儀 690
40~志謨 388
44~其文 206
~林 499
95~性 168

耶

25~律楚材 486

郅

80~介 213

1721₄ 翟

12~廷珍 608
30~良 310
31~灝 45
54
393
44~耆年 263

1722₇ 酈

38~道元 244
245
246

1740₇ 子

11~璿 397
406
53~成 412

1742₇ 邢

10~雲路 156
324
27~侗 529
60~昉 544

1750₆ 鞏

48~敬緒 217

1750₇ 尹

00~商 112
22~繼善 177
694
40~臺 517
~嘉銓 586
~喜 423
47~起莘 88
55~耕 516
80~會一 182
90~焞 475
97~煥 195

1752₇ 那

00~彥成 119
35~禮善 165

1762₀ 司

71~馬承禎 422
~馬貞 73

~馬遷 73, 74, 75
~馬光 30, 57, 86, 87, 326, 460, 461

1762$_7$ 邵

00~亨貞 489
~雍 325, 462
10~晉涵 54
21~經邦 77
30~寶 1020
34~遠平 77
40~大業 215
~士 173
44~世昌 213
71~長蘅 66, 560, 648
74~陸 166
88~竹虛 321

1918$_0$ 耿

00~文岱 141
~文光 262
41~極 18
42~埰 44

2

2022$_7$ 喬

00~文郁 585
20~億 680
23~允升 152
44~萊 17, 562
50~中和 17
60~因羽 158
90~光烈 591

2024$_7$ 愛

33~必達 117, 234

2033$_1$ 焦

04~竑 262, 275, 363, 366, 418, 419, 666
10~玉 296
22~循 22
65~映漢 646

2040$_7$ 季

50~本 15, 36
79~騰芳 420

2071$_4$ 毛

10~晉 620, 628, 629, 630

646
729
735
754
756
918
~霖 102
24~德琦 243
30~憲 511
44~懋宗 676
77~際可 557

2090_4 集

10~雲堂 415

2110_0 上

30~官周 338

2121_0 仁

37~潮 414
44~孝皇后徐氏 367

2121_7 伍

40~袁萃 363

盧

00~文弨 958
10~震 94
552
~可久 289
12~廷俊 225
15~建其 206
20~重元 421
22~崧 204
32~兆鰲 226
40~存心 587
44~世淮 544
~世昌 186
45~柟 526
47~格 505
60~見曾 241
700
718
957
79~騰龍 178
97~燦 193

2122_0 何

00~應駒 233
~文煥 711
713
10~三畏 386
532
~瑭 508
17~孟春 352
20~喬新 502
~喬遠 84
23~允中 904
30~良俊 362
32~遜 433
34~汝賓 296
40~大璋 165
41~楷 23
44~夢瑤 318
50~東序 199
60~景明 508
664
80~愈 191
84~錡 659
~鋕 188
86~錫爵 210
89~鏜 240
241
91~焯 359

392

2122₁ 衛

12～廷璞 198
37～鵷鳴 203
52～哲治 184

2123₄ 虞

20～集 487
30～淳熙 531
44～世南 375
433
53～摶 315
318

2133₁ 熊

00～立品 312
～方 80
～文舉 548
10～元 171
12～廷弼 107
20～禾 485
24～化 535
30～家振 163
37～過 515
43～載陞 197
50～忠 63
60～見龍 327
66～賜履 114
283
284
557
93～熾 354

2140₆ 卓

67～明卿 385

2155₀ 拜

42～斯呼郎 162

2172₇ 師

88～範 967

2180₁ 眞

00～謫 396
405
10～可 538
24～德秀 285
481
663
664
88～鑑 407

2190₄ 柴

07～望 484
27～紹炳 66
40～才 587
50～本 111

2201₀ 胤

31～禛 291
408
412
415
582

2210₈ 豐

26～稷 24
40～坊 333

2220₇ 岑

23～參 439
30～安卿 489

2221$_4$ 任
30~之鼎 188
~瀛 369
32~兆麟 371
697
1047
37~洛 161
40~士林 486
41~楓 250
50~中宜 236
60~昉 433
64~時懋 45
71~辰旦 563
77~周鼎 171

崔
00~應階 342
01~龍見 220
04~謨 593
27~豹 356
37~鴻 100
101
84~銑 288
508
664

2224$_4$ 倭
24~什布 169

2290$_1$ 崇
60~恩 765

2290$_4$ 欒
07~韶鳳 63
64
10~雷發 483
50~史 129

2321$_0$ 允
35~禮 669
37~祿 66
104
324
329
776

2324$_2$ 傳
21~占衡 547
~山 547
30~察 474
36~澤洪 246
60~星 153
91~恆 61

2325$_0$ 臧
44~懋循 657
749

2397$_2$ 嵇
14~璜 78
253
254
255
30~永仁 560
760
80~曾筠 576

2421$_7$ 仇
34~遠 487

2423$_1$ 德
18~玢 410

33~溥 558
34~洪 472
35~清 539
46~楞泰 108

24260 儲

21~仁遜 103
40~大文 580
77~欣 37
572
626
627
670

24261 借

51~軒 345

24806 贊

30~寧 365

24927 納

44~蘭常安 572

25000 牛

00~應元 42
10~一象 135
44~若麟 178

25227 佛

73~陀波利 413
~陀跋陀羅 405

25243 傳

22~胤 409

25900 朱

00~方中 538
~應登 507
~文治 667
~衮 243
~賡 528
04~謀瑋 245
10~一是 551
~一鳳 257
~元璋 286
492
~震亨 315
~吾弼 532
~雲駿 233
~函夏 591
11~冀 428
12~廷立 257
~廷獻 211
~廷梅 140
14~珪 252
265
266
~琳 698
17~璐 300
19~璘 102
217
~琰 687
702
20~維熊 563
23~弁 714
24~仕琇 593
~升 492
~紈 512
25~健 255
26~得之 421
~緗 574
27~多炤 525
~象賢 333
~彝尊 238

二五九〇。朱(二七—九九)

2591_7 純

76~陽子 423

2600_0 白

22~胤謙 1027
34~法祖 405
77~居易 376
453
454

自

26~得主人 727

2610_4 皇

53~甫枚 372
~甫中 316

2641_3 魏

00~裔介 270
366
390
552
~慶之 714
13~球 133
21~嶿 186
27~象樞 552
28~收 83
30~憲 656
690
37~初 487
40~大中 537
~校 59
44~藎臣 236
53~成漢 221
61~顯國 110
67~野 458

2643_0 吳

00~廣成 102
~文華 523
~文企 534
01~龍見 591
04~訥 664
07~翊 578
08~謙 318
10~一栻 36
~玉搢 55
264
~玉綸 599
~震方 947
~雯 49
567
11~璿 724
12~廷楨 576
~孔貞 363
13~琯 302
908
911
14~瑛 601
15~翀 135
17~承漸 670
~承恩 727
18~璥 108
20~喬 715
~喬齡 212
214
21~卓信 79
22~任臣 101
373
~鼎 49
~山鳳 143
~崑 316
24~勉學 676

~德旋	23
~德徵	229
~偉業	547
	753
	760
~綺	558
	659
~納	729
26~白	338
~伯與	110
~崐	307
27~倪	339
~繩年	344
28~儆	476
~儀洛	318
~從先	369
	374
~綸彰	195
30~寧	747
~永芳	188
~之振	648
~之器	115
~騫	355
	604
	961
~定璋	696
32~兆	539
~澄	26
	487
34~汝輅	178
~達可	106
36~渭	681
37~淑	377
38~道源	313
40~大鎔	116
~士玉	393
~士奇	533
~志忠	969
~嘉謨	280
43~式芬	265
	266
~棫	61
44~苑	570
~兢	101
~世傑	570
~世熙	100
~世尚	18
~其濬	607
~楚	310
~樹臣	575
~萊	488
46~恕	311
47~均	433
~都梁	132
~穀	145
48~鼇	141
~敬梓	726
53~盛藻	228
~成儀	680
58~軫	159
60~國綸	522
~見思	76
	442
~景果	132
65~映白	212
67~鄂峙	183
~照	56
77~用衡	113
~熙	604
~學濂	575
~與弼	502
80~鏞	205
~會川	201
~曾	351

84～鎮 600
88～節 499
90～光酉 119
～省欽 600
～烺 1044
91～炳 149
164
758

26900 和

11～碩 606
14～瑛 168
15～珅 131
138
30～寧 168
37～凝 299
80～羹 148

26914 程

08～敦 267
10～正揆 546
～百二 130
～晉芳 601
～雲 553
12～瑞枋 581
～廷濟 201
18～玠 316
19～琰 695
23～允基 342
24～德炯 156
30～之康 121
～良孺 389
～宗猷 296
32～兆炳 271
34～遠 339
37～迥 326
40～大約 344
～大昌 356
～士範 170
～雄 341
44～夢星 578
47～鶴翥 248
50～本 347
～本立 498
～素期 170
52～哲 354
53～盛修 585
60～墨 694
～國棟 134
185
67～明哲 26
～明善 774
71～頤 14
15
77～鳳文 134
88～敏政 502
90～光裡 107
99～榮 902
904

26922 穆

00～文熙 685
10～爾賽 147
28～修 458
60～口 321

27127 歸

40～有光 366
524
525
44～懋儀 606
47～起先 23
60～昌世 354
～圓 770

27132 黎

05~靖德 284
20~維禂 108
40~士弘 555

27212 危

50~素 494

27217 倪

14~瓚 490
17~承茂 669
25~朱謨 309
40~培 334
60~思 79
351

27220 向

20~秀 420

27233 佟

28~徽年 334
40~有年 132
44~世男 60
228
60~國弘 152
80~企聖 175

27234 侯

00~方域 551
~應琛 239
~康民 161
10~一元 518
~元棐 190
77~開國 255
99~榮圭 152
80~复 499

27247 殷

12~璠 673
40~希文 607

27252 解

21~縉 497
38~道顯 609

27261 詹

30~淮 289
99~夔錫 432

27312 鮑

00~康 711
22~彪 99
~山 300
24~倚雲 602
30~之蕙 607
88~鈴 602

27327 烏

42~斯道 496

27427 鄒

00~方鍔 600
~應龍 235
10~一桂 584
~元標 530
20~維璉 543
22~山立 203
26~泉 269
30~守益 511
32~袛謨 745
34~漪 115
692
76~陽疇 187

2744_7 般

44~若 403
52~刺密帝 406

2760_3 魯

22~鼎梅 207
24~仕驥 601
26~伯嗣 321
30~之裕 580
44~慕源 338
80~曾煜 580

2762_7 部

30~永春 288

2771_2 包

57~拯 105
88~節 656

2791_7 紀

30~宏謨 140
34~逵宜 582
67~昀 260
261
374
596
950
80~曾藻 606

2792_2 繆

31~沅 549
577
40~希雍 316
317
98~燧 191

2826_6 僧

34~祐 396
411

2828_1 從

28~倫 398
77~隆 398

2829_4 徐

00~鹿卿 482
~彥純 315
~應秋 369
~文靖 130
359
1040
~文弼 718
10~一夔 256
~三俊 151
~玉珂 219
~元太 385
~震 721
~可先 142
11~碩 188
20~秉義 115
21~倬 563
678
~師曾 269
665
~縉 184
24~待聘 192
25~積 463
26~自明 252
27~繩武 603
~象梅 115
28~以升 582
30~永言 181

3

3010_1 空

3010_6 宣

3021_4 寇

3022_7 房

00~裔蘭 149
~玄齡 81
82

3023_2 永

17~珊 415
18~璥 607
50~泰 172

3040_4 安

18~致遠 558
24~岐 332
26~泉芝軒居士 661
27~紹芳 539
76~陽酒民 726
86~錫祚 158

3043_2 宏

28~倫 574

3060_6 宮

10~雲矜 602
44~夢仁 391
653

3077_7 官

00~應震 327

3080_1 定

10~一 415
60~園居士 763

3080_6 實

25~純 410
30~空 410
67~明 411
77~叉難陀 403

寶

22~鼎望 217
27~名堂主人 123

賓

34~漢卿 319
90~常 710

3090_1 宗

30~密 395
397
407
50~本 414
60~杲 398
409
71~臣 521

3090_4 宋

00~庠 98
~廣業 244
~文鑑 270
10~至 576
12~登春 529
~廷魁 762
~廷佐 199
13~琬 553
17~弼 170
700
26~伯仁 336
~保 56
30~濂 492
493
~宗元 370
680

34~禧 491
37~祖法 168
44~華金 580
46~恕 91
48~梅 742
51~振麟 558
60~景闢 189
80~無 488
82~錦 231
87~翔鳳 46
99~犖 366
559
649
695
696

3111₀ 江

14~瓘 317
28~以達 514
30~永 40
~之棟 328
~之煒 178
34~淹 432
433
44~贇 87
~權 593
47~聲 21
50~東之 530
60~曰昇 725
~昱 355
91~炳炎 742
97~恂 223

3111₄ 汪

00~立名 265
628
629
~廣洋 493
~文柏 390
574
575
10~元仕 163
~元絅 166
~元量 484
~天榮 341
11~琥 311
13~琬 555
706
1037
17~孟鋗 706
20~爲熹 215
21~師韓 1046
26~鯉翔 45
28~份 670
30~沆 596
~憲 56
~宗元 687
~宗魯 156
~宗姬 388
31~灝 346
38~道昆 32
520
521
~啓淑 268
356
40~士賢 610
~士鋐 266
660
~克寬 35
~喜孫 1017
42~機 301
315
44~基 29
~懋麟 561

46~觀 692
~楫 564
47~鋈 266
50~中 605
~由敦 583
53~輔銘 699
60~景龍 681
67~嗣聖 150
77~學金 698
88~筠 597
98~燧 559

3112$_0$ 河

21~上公 418

3112$_7$ 馮

10~元仲 540
~雲鵬 742
11~班 545
12~登府 24
742
~廷章 389
~廷櫆 569
13~武 334
14~琦 96
385
530
28~從吾 532
34~汝弼 179
37~祁 117
~運楝 222
40~有翼 667
44~夢龍 368
372
719
721
~夢禎 417
530
46~如京 558
47~起鳳 775
51~振鴻 175
90~惟訥 656
~惟健 515
~惟敏 764
~光浙 526

3119$_6$ 源

31~福 415

3126$_0$ 福

78~臨 104
290
291

3128$_6$ 顧

00~充 269
270
385
~廣圻 607
~玄緯 875
03~詒祿 597
700
08~施禎 691
10~元慶 372
876
~雲莊 293
14~瑛 491
19~耿臣 164
21~貞觀 745
22~鼎臣 123
25~仲迂 120
~穗林 148
28~從敬 743
30~安 678

31～汧 563
36～湘 985
37～湄 241
40～士璉 247
～奎光 683
684
～有孝 689
690
～森書 120
44～葵 601
～藹吉 60
45～楝高 34
46～旭明 228
47～起元 387
50～春 274
53～咸泰 145
～成天 584
～成憲 362
67～野王 57
～嗣立 660
683
684
77～問 28
86～錫疇 666
91～炳 336
97～恂 508
99～炎武 65
66
130
264
358

3211$_8$ 澄

46～觀 407
413

3215$_7$ 淨

02～端 409
31～源 413

3216$_9$ 潘

00～京南 112
17～承焯 226
26～自牧 380
30～永因 393
～之淙 334
～安禮 589
44～基慶 666
46～楫 310
50～耒 66
565
60～恩 514
～昂霄 718
80～鐘巒 746
～曾綬 120
86～錦 157
90～光統 675

3312$_7$ 浦

40～枋 251
47～起龍 268
269
670

3390$_4$ 梁

04～詩正 265
266
584
10～玉繩 76
371
12～延年 199
292
20～禹甸 161
30～宇喬 47

~宏勳 225
~寅 493
31~潛 498
35~清遠 552
~清標 551
38~啓超 121
42~橋 715
44~夢龍 125
60~國治 394
77~同書 594
80~善長 163
86~錫興 18

3411₁ 湛

23~然 396
24~佑 250
44~若水 29
288

3411₂ 池

61~顯方 540

沈

00~應文 132
~辛田 259
10~一貫 418
528
12~璣 176
~廷芳 123
590
~廷銓 65
18~聯方 248
20~季友 701
~受宏 568
~維材 717
~維基 174
22~繼賢 153
24~佳胤 670
~德潛 247
444
592
649
656
670
679
680
687
691
693
25~生遴 235
26~自南 358
~鯉 524
27~約 82
30~寵綏 776
~寅 637
~宗騫 335
336
~宗敬 393
31~廼普 1050
32~泓 17
35~津 368
37~淑 49
~祖禹 706
~初 599
~朗仲 312
38~啓 248
40~士龍 912
~堯中 368
~李龍 309
~嘉轍 693
41~樞 126
127
43~越 94
44~懋孝 528

~懋學 530
~樹聲 147
~棨 215
~世楓 595
45~椿齡 192
47~朝初 566
52~括 350
60~口 301
~昌時 28
64~時棟 745
71~辰垣 745
~長卿 354
72~彤 578
77~周 505
506
~際飛 744
80~复燦 702
82~鍾 206
85~鍊 518
87~欽韓 607
88~箹 608
~節甫 885
91~炳震 393
98~爚 515

3411₄ 灌

11~頂 404

3413₁ 法

10~天 413
14~琳 412
43~式善 604
44~若眞 551
45~坤宏 37
593
77~賢 395

3414₇ 凌

10~震 513
12~廷堪 595
20~稚隆 33
75
76
79
32~澄初 116
34~湛初 529
~濛初 719
35~迪知 113
122
385
44~世御 181

3418₁ 洪

00~交泰 603
16~璟 153
24~先肅 226
27~鈎 474
30~適 264
34~邁 350
351
674
37~肇楙 135
60~恩 398
~昇 762
77~興祖 426

3426₀ 褚

01~龍祥 610
763
776
777
26~伯秀 420
80~人稜 722

3512_7 清

47~都散客 374
88~竹居氏 365
92~愷 200

3520_6 神

26~穆德 250

3529_0 袾

30~宏 408

3611_7 温

00~庭筠 456
50~忠翰 986

3612_7 湯

03~斌 119
554
07~調鼎 390
12~登泗 160
15~聘 137
30~賓尹 16
533
37~運泰 605
40~大奎 355
~右曾 570
42~斯質 341
53~成彥 605
~成烈 608
1049
61~顯祖 531
532
758
759

3621_0 祝

26~穆 379
380
30~淮 227
~宏 237
32~淵 380
40~堯 662
44~萬祉 136

3630_0 迦

44~葉摩騰同竺法蘭 395

3630_2 邊

10~貢 506
34~汝元 573
753
35~連寶 597
50~中寶 597
710

3721_0 祖

36~澤潛 143
44~植桐 176
77~闌 414

3722_7 祁

45~坤 320

3730_2 通

77~門 545

3772_7 郎

32~兆玉 25
40~奎金 53

3810_4 塗

64~時相 289

3812₇ 冷

64~時中 243

3814₇ 游

15~璉 511

3815₇ 海

10~霆 244
44~芝濤 766

3819₄ 涂

60~國鼎 536
90~光範 211

3830₁ 迮

47~鶴壽 40

3830₆ 道

00~忞 414
77~殿 411

4

4001₁ 左

17~承業 138
34~潢 1048
40~圭 779
780
~克明 655
60~晨 606

4001₇ 九

30~容樓主人松雲氏 727

4010₆ 查

20~爲仁 578
691
22~繼純 208
35~禮 602
40~克弘 679
~志隆 242
67~嗣瑮 573
77~彬 347
80~善和 364
86~鐸 525
94~慎行 575
576
717

4024₇ 皮

60~日休 456
673

4033₁ 志

24~德 404
27~磐 411

4040₇ 支

40~大綸 529

李

00~商隱 454
455
456
~文藻 598
~文焯 443
~文耀 136
~雍熙 1015
~玄玉 775
~袞齡 121

01~韡 483
05~靖 295
07~調元 659
10~丕煜 210
~璋 511
~元弼 253
704
~元鼎 544
~天麟 666
~天璣 142
~天培 144
~可汧 562
~雲階 222
12~登 59
~廷機 112
386
~廷忠 480
~延壽 76
~延是 310
15~翀 320
~建勲 457
17~珣 202
~瑤 718
~豫 595
20~維楨 528
21~衛 247
257
22~繼唐 174
23~俊 701
~紱 293
577
24~升階 158
~先芳 521
~先榮 182
~德耀 193
~贊元 568
26~白 437
438
~伯璵 664
27~盤 296
~繩遠 390
561
~綱 105
474
30~沛霖 43
~淳風 326
~永錫 209
~之芳 107
119
~之棟 146
~之用 657
~容 44
~良翰 270
~良年 560
~賓 622
32~兆齡 586
~遜之 103
33~心傳 254
~治灝 133
37~通玄 402
403
406
~逢申 191
~漁 370
548
719
759
40~友棠 680
~士實 503
~士棻 610
~士模 139
~堇 93
~南暉 232
~希賢 173

~有基 169
~燾 90
92
~吉甫 129
~來章 225
364
1038
41~標 241
42~埰 119
~梃 316
43~載贄 78
~栻 890
~埭 119
~夢陽 506
~攀龍 519
684
~若訥 536
~蕃 553
~世熊 546
~世昌 172
~世民 91
~贄 15
42
77
78
347
368
522
44~材 295
~某 769
~桂玉 764
46~恕 15
~賀 446
447
47~鶴年 108
~磬 220
48~栓 238
50~中梓 306
~中簡 593
~本緯 386
533
~奉翰 30
139
~春芳 720
~耒泰 553
~東陽 502
53~成經 702
~成林 234
57~邦華 297
535
60~日宣 252
~日華 337
353
1025
~昉 373
377
653
~呈祥 563
~呈芬 297
~國祥 671
~因培 680
~因篤 564
~昴英 483
~果 586
64~時珍 309
310
67~鳴春 348
~煦 210
77~隆基 38
252
~用粹 313
~居頤 157
~學禮 370
371

41916 桓

30~寬 281
282

41920 柯

20~維騏 84
31~潛 501
90~尚遷 25

42122 彭

10~元瑞 257
661
683
~而述 546
12~瑞麟 164
~孫遹 557
21~師度 548
27~紹升 599
30~定求 563
35~清典 212
38~啓豐 583
40~大翼 386
~希涑 126
57~輅 521
60~曰貞 686
71~頤 28
77~鵬 558

42400 荆

44~其惇 214

42413 姚

00~應龍 185
~廣孝 327
~文蔚 104
~文起 223
~文燮 142
12~弘緒 698
17~子莊 201
20~舜牧 36
48
25~甡荓 319
30~之駰 81
392
393
~寬 351
40~大源 661
~士塈 561
~培謙 429
621
~希孟 537
60~思廉 82
71~頤 601
80~鉉 672
673
99~燮 743
775

42521 靳

33~治荆 199
77~學顏 517

43010 尤

00~應魯 175
14~瑛 665
27~侗 1035
1036
37~淑孝 172

43132 求

17~那跋摩 397
~那跋陀羅 396
397

400
401

4373₂ 裘

44~萬頃 480

4385₀ 戴

10~震 429
16~璟 384
17~君恩 40
24~德 28
27~侗 58
30~良 490
40~堯天 122
44~夢熊 148
67~明說 658
677
77~殿江 294
80~羲 126
87~鈞衡 103

4410₄ 董

00~應舉 534
04~詰 681
~誥 257
10~元度 596
~天工 244
~天醒 259
~醇 251
22~豐垣 360
25~仲舒 37
38
30~永攀 239
~之輔 223
34~汝亨 534
35~潛甫 329
37~汲 320
~逢元 417
38~肇勳 703
42~斯張 387
388
43~榕 762
763
44~其昌 331
47~穀 1021
67~嗣杲 485
77~學禮 217
80~含 369
90~光宏 535

4410₇ 藍

22~鼎元 294
1042
60~田 514
77~學鑑 197

4411₂ 地

34~婆訶羅 404

范

00~文芡 117
12~廷傑 133
16~理 125
17~承謨 553
~承勳 235
25~仲淹 459
707
~純仁 465
27~繩祖 155
30~寧 34
~宜賓 329
~家相 24
33~溥 236
35~清曠 144

67~嗚龍 157
71~驥 429
72~彤 27
96~煜 541

4433_1 赫

34~逵色 169

4439_4 蘇

00~文韓 289
10~霈芬 204
~天爵 684
20~舜欽 460
26~伯衡 495
27~象先 350
30~寧亨 681
31~濬 16
37~洵 465, 466, 710
~過 473, 474
53~軾 13, 19, 105, 350, 467, 468, 469, 470, 471, 472
58~轍 76, 418, 467
80~益馨 224
~毓輝 301
84~銑 167

4440_0 艾

34~衲居士 720
40~南英 540

4442_7 萬

00~立鋐 743
21~上遴 339
34~達甫 527
42~斯同 78, 358
44~夔輔 581
~樹 748
57~邦孚 328
~邦維 173
90~光泰 67, 596

4443_0 樊

20~維城 189
36~澤達 117

4443_6 莫

10~璽章 216
33~溥 160
46~如忠 517

4444_3 莽

27~鵠立 257

4445_6 韓

00~文 503
~文焜 170
11~非 299
13~琮 209
14~琦 458

	459
38~洽	543
~道昭	62
	63
44~茂椿	670
~茨	562
57~邦奇	31
	509
60~國瓚	136
66~嬰	24
74~騏	595
80~鏞	163
~愈	447
	448
	449
	450
86~錫胙	762

4450₄ 華

00~慶遠	270
27~綱	734
30~察	514
40~希閔	390
71~長卿	101
	743
90~光鼐	609

4453₂ 荑

44~荻散人	725

4460₁ 菩

56~提流志	400

4462₇ 荀

36~況	280
	281

4472₇ 葛

20~秀英	603
30~守禮	515
~寅亮	250
34~洪	313
	422
44~芝	563
60~晨	162
71~長庚	418
	481

4474₁ 薛

00~應旂	42
	90
	91
	517
10~三省	535
~雪	308
	586
~天培	132
13~瑄	287
	499
20~季宣	479
28~收	86
37~凝度	208
40~志亮	209
~柱斗	134
47~朝	777
51~據	280
77~鳳祚	329
82~鎧	321

4477₀ 甘

34~汝來	578
40~士瑛	158

4480$_6$ 黄

00~齊賢 369
~應培 222
~庭堅 472
473
~文憲 259
~文煒 167
~六鴻 253
02~端伯 541
10~正元 370
~玉衡 151
~璽 513
~丕烈 968
~震 286
12~瑞 266
~廷桂 231
~廷用 517
16~琨 42
18~瑜 364
20~爵滋 607
22~任 599
~崗竹 137
~繼善 125
~鼎 323
24~德水 675
25~仲昭 503
27~叔琳 268
~叔燦 681
~紹統 596
28~徹 714
~徽胤 107
~復生 159
30~之雋 579
~淮 104
~淳耀 542
~寬 164
~家鼎 161
~宗昌 107
~宗羲 244
548
31~濬 488
32~滔 457
33~浚 175
34~洪憲 529
687
37~凝道 221
38~道周 48
289
389
540
40~克纘 676
42~機 741
43~越 44
577
48~榦 480
50~中堅 568
51~振 602
762
57~邦寧 213
60~圖珌 763
~圖昌 150
204
~景仁 605
61~顯仁 122
77~堅 664
~鳳池 337
~鳳翔 527
~譽 229
80~公度 476
81~鉦 188
86~錫蕃 264
90~光昇 93

4490_1 蔡

00~方炳 392
~襄 459
02~新 590
09~麟祥 210
12~烈先 309
~廷弼 763
22~邕 429
34~沈 19
20
325
35~清 505
40~有鵾 290
44~世遠 577
60~國珍 523

4490_4 葉

00~方恒 247
~應震 549
12~廷珪 378
20~釆 284
27~仰高 219
~向高 127
368
531
~紹袁 708
709
30~之溶 586
~適 480
44~夢得 350
474
~菁 568
~華 1025
~桂 318
319
53~盛 313
362
57~抱崧 694
695
65~映榴 558
67~明元 99
87~舒璐 581
90~堂 775
99~燮 562

4491_0 杜

07~詔 679
11~預 31
32
15~臻 240
17~瓊 500
27~綱 722
40~大珪 113
~森 189
50~本 492
~甫 439
440
441
442
443
444
80~公瞻 375
88~範 482

4491_4 桂

28~馥 360
691

4499_0 林

00~亦之 478
10~正青 185
~雲銘 421
428

11~弼 495
23~俊 504
24~德謀 668
30~寶 376
31~源 586
32~兆珂 26
~兆恩 353
33~逋 458
40~大春 522
~希元 512
~希逸 419
~右 498
44~世遠 178
77~開燧 313
~駉 382
83~鉞 127

45944 樓

21~穎 408
44~英 315
60~昉 663

46227 獨

12~孤及 444

46400 如

17~沓 414

46806 賀

10~雲鴻 162
25~仲軾 536
84~鑄 741

46927 楊

00~應琚 167
~廉 286
~慶 112
~文鼎 140
10~一清 256
503
~正荀 191
~爾曾 241
722
728
~天民 106
12~引祚 173
~廷望 216
18~玠 573
20~億 458
681
~爵 515
~維新 192
~維楨 491
~維坤 581
21~銜之 250
22~巍 630
~繼盛 106
520
24~德周 618
701
702
26~侃 127
27~名時 1039
~峒 24
28~以任 126
~倫 444
30~濟時 322
~宸 155
~守勤 535
~守介 149
~宏聲 37
~宗氣 147
32~兆坊 289
33~淙 387

34~汝楫 216
37~洵 182
~潮觀 394
~澥 266
40~大崑 138
~士雲 360
~士奇 104
498
~士雄 173
~圭 402
41~櫝 126
43~博 515
44~夢衮 538
~萬里 101
479
~世達 214
~世昌 138
45~椿 579
47~起元 530
~朝麟 140
50~表正 340
53~成 715
58~掄 341
60~甲 46
47
~思聖 552
63~晙 154
64~時 283
474
74~陸榮 96
77~殿梓 217
80~毓健 250
88~簡 15
284
479
90~光先 324
94~慎 231
357
510
618
656
743
765
766
96~燝 214

4702$_7$ 鳩

00~摩羅什 397
401
404
407
412

4722$_7$ 郁

37~逢慶 331

4732$_7$ 郝

10~玉麟 205
21~經 486
31~福森 103
38~浴 107
1028
70~璧 550

4752$_0$ 鞠

77~履厚 340

4762$_0$ 胡

00~亶 324
~應麟 353
1025
~廣 3
22
39

22~鼎祚 655
656
657
665
666
30~淳 704
31~潭 669
40~堯臣 462
53~成棟 695
718

4980_2 趙

00~彥復 157
~文華 106
665
08~謙 497
10~一清 246
~三辰 158
~爾守 243
~酉 134
12~廷瑞 161
~廷健 134
14~琦美 261
17~孟頫 486
487
~君卿 323
20~維烈 662
21~貞吉 517
22~崇祚 743
23~獻可 317
~我佩 743
24~佑 24
27~崡 266
~峰 122
~叔問 351
30~瀛 188
~寬 504
~之謙 340
~之壁 249
~憲 136
34~汝愚 104
36~溫 157
38~祥星 168
40~友欽 323
~士麟 561
~臺鼎 310
~在翰 50
~南星 387
427
529
~古則 290
~吉士 554
43~式 745
44~懋本 159
~執信 566
1050
~萬年 102
~世安 187
~世杰 654
48~增 160
50~抃 461
~青藜 590
~本植 166
~由仁 142
62~昕 134
~時春 514
~曄 100
67~明誠 263
~嗣晉 176
77~鳳詔 156
~用賢 298
~學敏 259
~開雍 259
~與旹 351

80~俞 571
~善璙 367
83~釴 357
90~堂 258
97~烔 572

5

50006 史

10~震林 374
~可法 540
541
30~進爵 235
40~在鑛 122
44~桂芳 522
60~易 326
67~鳴臬 191
88~簡 703
91~炳甬 294
99~榮 24

申

37~涵光 1027
60~思科 179
67~明倫 217

50018 拉

60~昌阿 160

50048 較

75~陳錫 200

50333 惠

34~洪 397
398

45~棟 359
556
77~周愓 1041

50404 婁

43~機 58

50904 秦

13~武域 167
355
26~緗 233
30~之楨 312
40~坊 292
44~蕙田 29
30
46~觀 473
48~松齡 23
555
50~擴 150
60~恩復 733
77~熙祚 225
83~鏷 2

50906 東

00~方朔 327
429
27~魯古狂生 719

52034 揆

87~敘 131

53000 戈

34~濤 594

53107 盛

10~百二 355
356

6

6010₄ 墨

17~翟 347
30~浪子 719

6011₃ 晁

37~迥 413

6022₇ 易

30~宗涒 594
77~學實 581

6022₈ 界

32~澄 406

6033₂ 愚

99~榮 395

6040₀ 田

00~文鏡 108
10~一儁 528
~雯 169
567
1016
28~從典 571
34~汝成 247
514
44~蘭芳 567
77~同之 122

6040₄ 晏

00~文輝 182
42~斯盛 1046
66~嬰 116

6050₄ 畢

26~自嚴 121
532
31~沅 598
966
53~盛讚 160
90~光堯 165

6060₀ 吕

03~誠 491
08~謙恆 577
20~舜 122
~維祺 30
38
64
537
21~熊 725
22~化龍 192
24~纘先 237
30~宣曾 224
37~祖謙 15
22
124
125
378
663
682
40~士雄 776
~希哲 351
44~世鏞 44
~楠 559
45~坤 30
253
289
374
529
~枏 162
50~肅高 221
~本中 283

6404₁ 時

40～來敏 140

6509₀ 味

77～閒主人 766

6621₄ 瞿

10～雲魁 231
23～俊 503
34～汝稷 414
60～曇悉達 326
80～鏞 268

6624₈ 嚴

10～元照 607
21～虞惇 572
22～嵩 508
23～我斯 561
30～宗嘉 142
38～遂成 583
77～鵬 122
80～曾業 170

6650₆ 單

28～作哲 144
29～秋岩 60
77～履中 195
87～鉊 706

6701₆ 晚

17～翠軒 341

6702₀ 明

00～亮 410
60～昱 398

6706₂ 昭

45～槤 363

6716₄ 路

13～瑄 610

6722₇ 鄂

10～爾泰 104
235
258
573
689

6733₆ 照

31～福 415

6772₇ 鶡

77～冠史者 726

6802₁ 喻

60～昌 313

6806₁ 哈

44～攀鳳 297

7

7021₄ 雅

10～爾圖 108

7110₆ 暨

77～用其 709

7121₁ 阮

10~元 371
40~大鉞 759
44~葵生 355
77~閎 713
~學浩 692

7122₀ 阿

40~克敦 577
44~桂 257

7122₇ 厲

44~荃 394
67~鶚 717

7132₇ 馬

00~文麟 165
02~端臨 253
254
10~玉崑 108
~元調 638
12~廷俊 152
16~理 511
20~維翰 580
~維銘 127
40~大相 242
~士瓊 143
~森 517
44~蒔 307
~世永 200
50~中錫 504
55~慧裕 601
56~揭 238
60~日琯 118
~國禎 213
75~驌 34
96
80~令 83

7210₀ 劉

00~應秋 531
~應李 383
~康祉 536
~慶運 177
08~旂錫 359
~效祖 136
~敦元 608
~謙 26
10~一相 657
~三吾 494
12~廷璣 574
~孔當 689
13~球 57
58
14~瓚 198
16~理順 541
17~承啓 219
~邵 350
20~禹錫 453
22~崇元 159
~崧 495
24~德芳 173
~佑 207
25~績 32
27~向 109
282
425
~侗 238
~名芳 242
~魯 528
~繩武 205
~紹攽 587
701
28~以守 149
~作樑 193

30~濂 31
655
~完素 311
~安 348
349
~宗泗 215
~宗周 41
535
31~源長 346
32~業勤 227
34~淇 55
36~涓子 319
37~汋 118
~鴻訓 537
~深 140
38~道醇 335
40~大謨 231
~大槐 595
~士銘 149
150
~士鏻 668
688
~堉 206
44~基 296
493
~芳喆 194
~蕭 176
~執玉 648
~世偉 353
~世祚 143
~世教 637
45~埥 139
~榛 560
46~䰟 713
50~抃 226
~肅 362
~青藜 576
~青芝 215
60~星 151
~國翰 384
~昌 700
63~默 313
67~昫 83
71~長卿 436
~長翁 418
420
484
~鳳 115
518
~履 651
80~兌 162
701
~義慶 360
361
362
~命清 548
88~鑑 63
~敀 378
715
~敏寬 167
~節 109
653
668
90~懷祖 609
~懷志 21
91~炳 498
97~烱 232
98~敞 461

72101 丘

20~維屏 551
31~濬 90
285

7277_2 岳

02~端 581
10~正 500
11~珂 362, 483
12~飛 475
23~岱 241
30~宏譽 149
40~士景 117

7420_0 附

33~梁 396

7421_4 陸

00~應暘 130
~玄宇 343
10~元溥 603
~雲龍 646
17~羽 346
~召弼 538
20~位 327
21~師 183
24~德明 46
26~佃 54, 55, 347
27~龜蒙 457
~紹珩 369
28~以誠 693
37~次雲 546, 1038
~深 1022
38~游 348, 479, 480, 1019
~洽原 558
40~九淵 478, 479
~奎勳 580
42~圻 103, 390
~機 430
44~芝榮 112
~蓉 215
~棻 662
46~楫 877
47~朝璣 183
~贄 105, 445, 446
60~杲 661
64~時雍 428
71~隴其 43, 293
83~釴 168
88~繁弨 569
90~光宗 233
91~烜 603, 961
94~烶 415
97~燿 603, 693

7422_7 勵

12~廷儀 573

7529_6 陳

00~亮 480, 481
~文治 320
~言 314
01~龍正 432

~訏 645
08~謙 136
09~麟 220
10~至言 572
~元龍 392
662
~元素 112
~震 369
~霆 352
~天爵 202
~天植 139
12~弘謀 45
~廷柱 182
~廷敬 557
13~球 727
15~玭 194
~建 91
93
17~子龍 542
685
~子壯 537
538
688
20~鱣 28
262
607
~禹謨 42
~維崧 564
690
21~仁子 653
~仁錫 88
89
255
388
540
667
744
~師晉 703
~師道 473
~經 264
22~鼎新 334
~後主 433
~循 129
~繼儒 270
300
354
389
539
667
917
23~傅良 478
~獻章 500
501
24~勳 535
26~和志 180
27~絳 352
28~儀 579
669
30~沆 595
607
~淳 525
~永圖 222
~之遴 701
~實 413
414
~宗石 144
34~汝咸 208
~祺齡 608
35~清 290
36~淏子 346
347
~遇麒 671
37~深 367
368

七五二九六 陳(三七—九〇)

~祖范	369
~逢衡	86
~朗	726
38~祚明	655
~道	205
~啓源	23
40~大章	24
~太初	324
~士斌	727
~士元	414
~士鐸	310
~克繩	234
~克恕	340
~希芳	238
~有年	523
~奇生	321
~奇典	236
~壽	81
~梓	359
	1045
~堦	128
42~彭年	61
~櫟	487
44~基	491
~埴	286
~薦夫	534
~蘭滋	230
~萬策	579
~萇	573
~其愫	688
~楙本	746
45~棣	478
46~坦	137
~如稷	165
~如綸	516
	742
~柏	522
47~懿典	420
48~枚	671
	672
50~本禮	1017
~素素	760
57~邦彥	661
~邦訓	532
~邦寄	218
~邦瞻	96
60~□	962
~思	333
~杲	121
~景沛	114
61~顯微	421
64~時	153
	159
71~臣忠	671
~長卿	311
72~所聞	764
~氏尺蠖齋	722
77~鵬年	572
~履中	161
~際泰	541
~學海	169
~開虞	177
80~金駿	140
~鐘炅	193
~介賓	317
~介祺	268
~食花	171
~養元	574
86~錫路	359
~鍔	220
87~欲達	228
88~第	64
	1024
90~焱	207

91～焯 694
93～悰 543
94～忱 724
97～耀文 384
385

7710$_0$ 且

37～漁主人 343

7710$_1$ 閂

50～中寬 566

7712$_7$ 邱

12～廷翰 326
21～上峯 583
40～嘉穗 576
44～桂山 230
50～東河 694

7721$_6$ 覺

60～羅石麟 147

7722$_0$ 周

00～亮工 239
340
549
671
～齊曾 716
～廣業 40
～京 586
04～詩雅 653
08～於智 172
～敦頤 463
10～三進 150
～于仁 210
～天度 251
～再勲 549
11～弼 674
12～廷寀 24
49
～延儒 126
14～瑛 503
17～子義 276
278
～子蕃 320
20～秉鑑 696
21～順昌 536
24～德清 776
777
26～伯琦 58
489
27～魯 390
～魯封 342
28～倫 507
～綸 392
30～永年 965
～之鱗 645
～之士 328
～之幹 317
～密 351
363
745
746
～寶善 609
33～必大 477
38～游 720
40～嘉冑 345
42～垛 237
44～世樟 49
46～如砥 532
～楊俊 312
47～超 154
50～中孚 261
～書 763

60~思得 423
66~嬰 358
67~暉 239
77~履靖 894
~興嶧 187
80~人龍 578
~人麒 18
~人麟 593
~人驥 584
~金然 569
91~焯 586
93~怡 106
518
96~煌 591

用

26~和 410

陶

00~奕曾 166
07~望齡 420
532
10~正靖 584
12~弘景 323
347
422
~登 117
~珽 682
849
17~承熹 319
21~穎發 146
26~自悅 155
27~紹侃 221
30~安 494
~宗儀 352
786
31~潛 430
431
432
37~淑 143
40~士僎 218
~希皐 290
43~式玉 343
44~華 311
47~起庠 46
~穀 366
72~岳 101
86~錦 171
93~煊 679
94~煒 111

7726$_{4}$ 屠

00~應埈 515
10~元淳 1043
21~倬 606
77~用謙 232
~隆 353
530

7727$_{2}$ 屈

28~復 581
679
40~大均 240
559
51~振奇 219
53~成霖 294
71~原 425

7736$_{4}$ 駱

01~龍吉 314
27~象賢 499
30~賓王 434
40~大俊 169

7740₀ 閔

00～齊伋 12
59
98
99
100
417
628
09～麟嗣 242
10～一范 708
34～邁德 667

7740₁ 聞

80～人詮 177

7744₇ 段

14～琦 604

7760₁ 闇

17～那崛多 404

7777₂ 關

12～廷訪 147
～廷牧 135
46～槐 294

7777₇ 門

80～無子 299

閻

10～爾梅 546
38～肇烺 221
44～若璩 43
358
50～甲胤 135

7778₂ 歐

76～陽詢 375
～陽詹 447
～陽修 76
77
83
463
464
465
～陽東鳳 183
～陽鐸 510

7790₄ 桑

07～調元 585
44～世昌 656

7821₆ 脱

78～脱 83
84

7823₁ 陰

64～時夫 383

7923₂ 滕

12～永禎 177
14～珙 284

8

8010₁ 仝

54～軌 568

8010₄ 全

37～祖望 359

702

8010$_9$ 金

10~元俊 544
12~廷獻 235
13~弘勲 196
20~秉祚 184
24~德瑛 590
~德嘉 569
27~象豫 371
30~淳 609
32~兆燕 762
37~鴻 179
40~志章 583
~古良 115
~榜 29
50~忠淳 964
60~日追 27
77~履祥 485
80~人瑞 677
1028
84~鉷 229
~鎮 182
216
90~光祖 225

8012$_7$ 翁

00~方綱 67
262
333
594
10~天游 390
34~汝進 414
40~大年 266
340

8020$_7$ 今

26~釋 551

8022$_1$ 俞

10~雲耕 202
19~琰 660
23~允文 526
24~德鄰 485
30~安期 387
658
~寅陛 668
31~灝 555
34~汝言 551
40~森 258
51~指南 47
77~卿 192

8030$_7$ 令

12~狐德棻 83

8040$_0$ 午

99~榮 259

8040$_4$ 姜

21~順蛟 178
27~紹書 336
366
30~宸英 573
~安節 41
44~夔 481
482
60~思睿 369
91~炳璋 33
34
~焯 185

8050$_0$ 年

40~希堯 319

80~龔堯 297

8055₃ 義

32~淨 405

8060₁ 普

13~職 242
30~濟 411

8060₆ 曾

12~廷枚 360
605
17~鞏 101
461
462
22~鼎 321
67~暉春 202
88~公亮 295

8060₈ 谷

00~應泰 96

8090₄ 余

00~文龍 326
~文儀 209
10~震啓 665
17~邵魚 721
21~縉 107
212
22~崢 595
~繼登 530
30~寅 531
34~祜 284
40~志明 185
44~蕭客 49
652
~懋學 300
~世廉 603
53~成彪 202
60~國楷 197
90~懷 364

8111₃ 鉦

77~丹氏 347

8211₄ 鍾

30~定 211
60~國義 174
80~人傑 926
930
96~惺 23
270
536
616
657
658
666
672

8315₀ 鐵

26~保 602

8315₃ 錢

00~應奎 32
~廣居 703
~文子 258
08~謙益 114
408
543
544
686
10~一本 16
289
~二白 710

~天錫 141
~晉錫 187
~雷 310
12~瑞禮 125
~廷熊 172
14~琦 591
17~乙 320
~孟鈿 603
20~維城 123
23~岱 127
24~佳 701
27~名世 131
28~以塏 121
158
30~之青 151
~良擇 679
~良胤 539
32~兆沆 164
~澄之 550
40~士升 16
~大培 605
~希言 719
41~坫 56
43~載 594
44~薇 516
~世徵 340
47~穀 352
710
50~肅樂 179
~肅潤 115
~書 753
~東垣 92
56~軹 103
60~杲之 427
71~長澤 343
74~陸燦 653
80~鎬 568
86~錫宷 743

8612_7 錦

30~窠老人 759

8660_0 智

00~方 608
21~顒 396
38~祥 408
43~朴 242
46~旭 399
543
60~昇 397
66~嚴 401

8711_5 鈕

12~琇 354
566

8718_2 欽

15~璉 582

8742_7 鄭

00~方坤 582
~高華 201
~文康 500
~交泰 196
~玄 25
26
27
02~端 557
10~一麟 530
~一崧 207
~王臣 704
~元慶 249
263
748

90904 米

40~嘉績 204
44~芾 333

91061 悟

32~洲 297
60~因主人 753

91814 煙

10~霞散人 726

94081 慎

44~蒙 685
~懋官 346

95014 性

37~涵 420

97020 恂

44~莊主人 723

97056 惲

15~珠 339

99427 勞

33~必達 180